ジョーク集

トランプ vs. 金正恩

早坂隆──著

TRUMP vs. KIM JONG-UN

飛鳥新社

はじめに

TRUMP vs. KIM JONG-UN

まるで映画かプロレスか。よくも同時代に、かくのごとき強烈なキャラクターの二人が巡り会ったものである。

ドナルド・トランプと金正恩《キムジョンウン》。

このような「異端児の出会い」は、神々が求めしスラップスティック（どたばた喜劇）か、それとも救いようのない悲劇か。

いつの世も国際社会は百鬼夜行《ひゃっきやこう》。奇想天外なシナリオは、いまだ先が見えない。果たして、両者は細かな台本どおりに動いているのか。それとも、奔放《ほんぽう》な「天然」同士によるアドリブ芸なのか。

舞台は、深い霧で覆《おお》われている。霧を晴らすような風は、今のところ吹きそうにない。

いずれにせよ、ジョークの世界にとっては、格好の「名優・二人」。待ちに待った大型新人の登場だ。二人を主役にしたジョークは世界中で増殖し、伝播《でんぱ》している。

イギリスの哲学者であるフランシス・ベーコンはこう言っている。

「冗談は、しばしば真実を伝える手段として役立つ」

小難しい論文よりも、風刺の効いたジョークの中にこそ、真実が転がっているかもしれない。

もはや「笑い飛ばす」しかないか。

主な登場人物

マティス国防長官

国防長官としてトランプ政権を支える側近。元アメリカ統合戦力軍司令官。湾岸戦争やイラク戦争に出征した経験を持つ。あだ名は「荒くれ者」「戦う修道士」など。

ドナルド・トランプ

第45代アメリカ合衆国大統領。不動産王から政治の世界に転身。「アメリカ第一主義」を掲げ、世界中から注目を集める。Twitterのヘビーユーザー。ニックネームは「暴言王」。

メラニア夫人

トランプの妻。ファーストレディの傍ら、宝飾品などのデザインをこなす。出身はヨーロッパのスロベニアで、元々はモデル。ユーゴ内戦の影響からアメリカに渡る。

イヴァンカ

トランプとその元妻であるイヴァナ・トランプの娘。ファッションモデルや実業家として活躍。大統領補佐官を務め、独特の影響力を発揮。「トランプの秘密兵器」とも。

習《しゅう》近《きん》平《ぺい》

中華人民共和国第7代国家主席。軍事的、経済的に大国化する中国において、絶対的な地位を確立。圧倒的な権力を持つ。米朝関係を影で操るフィクサー？

金《キム》正《ジョン》恩《ウン》

北朝鮮における第3代最高指導者。金正日の三男として生まれた。核・ミサイル開発を強引に推し進めるなど、稀代の「独裁者」だが、「微笑み外交」も得意？ スイスに留学経験有。

金《キム》与《ヨ》正《ジョン》

金正恩の妹。平昌オリンピックの際には、北朝鮮高官級代表団の一人として訪韓。一躍、有名となった。兄・金正恩からの信頼は厚く、「実質ナンバー2」とも。

李《リ》雪《ソル》主《ジュ》

金正恩の妻。父は大学教員、母は医師という一般家庭の出身。中国で声楽を学んだ後、祖国に戻り、歌手として活動。元「美女軍団」。三人の子供がいるとされるが、詳細は不明。

第三戦 直接対決 第一ラウンド 137

第四戦

直接対決　第二ラウンド　175

TRUMP vs. KIM JONG-UN

第一戦

金正恩体制の誕生

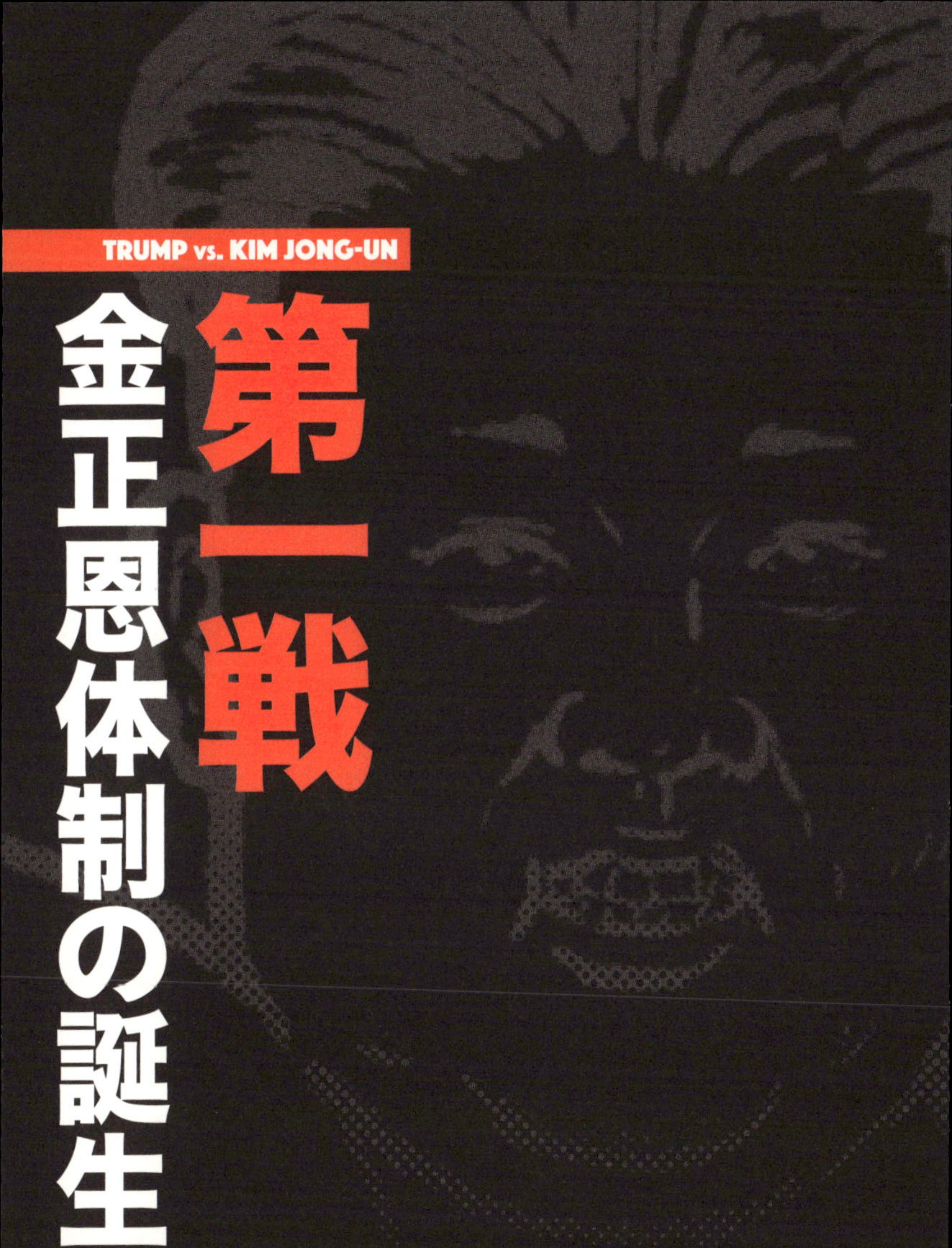

独裁者

TRUMP vs. KIM JONG-UN

腕時計の行方

ある時、金正恩《キムジョンウン》が側近に怒鳴った。

「私の大切な腕時計が盗まれた！　すぐに犯人を捜《さが》し出せ！」

数時間後、側近が戻ってきて報告した。

「一〇人の容疑者を捕まえましたが、全員が自白したので、一〇人とも処刑しました」

それを聞いた金正恩は、こともなげに言った。

「ああ、それはもういいんだ。腕時計は机の引き出しの中にあったから」

子供好き

金正恩の妹である金与正《キムヨジョン》が言った。

「兄は小さい時から、本当に子供好きでした」

側近の一人が聞いた。

「そうだったのですか。それは心温まるすばらしいお話です」

金与正がうなずきながら答えた。

「ええ、本当に。兄は昔から道で小さな子供に会っても、射殺するようなことは一度もなかったのです」

金正恩という男

金正恩は一九八四年一月八日生まれ。いまだ三〇代半ばと、他の国々の指導者と比べても最も若い部類に入る。

ただし、この生年月日さえ正確かどうかわからない。「一九八二年説」などの異説が存在する。

金正恩は北朝鮮の第二代最高指導者である金正日《キムジョンイル》の三男として生まれた。言わば「三代目」である。

母親の高英姫《コヨンヒ》は金正日の愛人の一人で、北朝鮮帰国事業によって海を渡った大阪出身の在日朝鮮人二世。万寿台《マンスデ》芸術団の舞踊家だった一九七〇年代半ばに、金正日に見《み》初《そ》められたという。金正日からは「あゆみ」という名前で呼ばれていたらしい。

そんな母親の影響もあり、金正恩は日本文化に親しみを感じながら育ったとされる。

小さい頃からの好物は「寿司」だとか。

「日本のアニメが好き」

という話もあるが、詳細は不明である。

劇場

平壌《ピョンヤン》の劇場で「金正恩党委員長の輝かしき栄光の軌跡」という題名の芝居がかけられることになった。その芝居は、休憩を挟んで四部にわたる構成となっていた。

芝居が始まる際、劇場内に次のようなアナウンスが流れた。

「お帰りは二部終了後がオススメです。一部終了後は大変に込み合います」

豚

金正恩が養豚所の視察に行った。

翌日、新聞はこのニュースを大きな写真入りの記事で報じた。写真の下には次のようなキャプションが付されていた。

「豚と金正恩（左から二番目）」

天才児

平壌に住む一人の男が、友人に言った。

「うちの息子はまだ一歳なのに、もうこの国のすべてがわかっているんだ」

「どういうことだい？」

「息子はこの国が独裁国家であることをすでに理解している。この国に言論の自由がないこともわかっているし、経済がうまくいっていない現状も知っている。そして、こんな状態がいつまでも続くということさえも認識しているんだ。どうだい、すごいだろう？」

「それはすごい。しかし、息子さんはまだ一歳だろう？　もう喋《しゃべ》ることができるのかい？」

男は苦笑いしながら言った。

「一歳で喋るわけないじゃないか」

「じゃあ、どうして？」

男は答えた。

「だってうちの子、朝から晩までずっと泣いているんだぜ？」

スイスに留学

金正恩は一二歳の時にスイスに留学。留学中は「パク・ウン」という偽名を使い、首都・ベルンにある学校に通っていたという。当初はベルンのインターナショナルスクールに通学したが、ここを一学期ほどで退学。その後、ドイツ語で授業を行う公立学校に通うようになったとされる。転校の理由は「授業料の節約のため」だったらしい。

スイス滞在中、自身の身分は「大使館職員の息子」と偽っていた。そんな留学生活を通じ、金正恩は英語やドイツ語を学んだとされる。今も「語学が堪能」という話があるが、真偽のほどはよくわからない。いずれにせよ、「意外と国際派」であることは間違いない。スイス時代の同級生であるマルコ・インホフ氏は、金正恩についてこう回想している。

「彼は面白かった。いつも人を笑わせていた」

同じく友人だったというジョアオ・ミカエロ氏はこう語っている。

「ユーモアのセンスを持っていた」

「一緒に楽しく過ごした。彼はいい奴で、たくさんの友達に好かれていた」

独裁者の若き日のジョークを聞いてみたいものだ。

民意

ある時、金正恩が国民の本音を知りたいと思い、変装して街に出てみることにした。平壌の街角で出会った一人の男に、金正恩は聞いた。

「実際のところ、我が国の最高指導者をどう思うかね？」

すると、その男は小声でささやいた。

「こんなところでは話せませんよ」

男は周囲を気にしながら金正恩を自宅まで連れていくと、厳重に鍵をかけ、机の下をのぞき、本棚を丁寧に調べ、電話を布団で覆《おお》ってから、そっと耳打ちした。

「実は私はね、金正恩のことを悪くないと思っているんですよ」

妙案

金正恩が地方都市の視察に赴いた。街を歩いていた金正恩は、一軒の肉屋の前に長い行列ができている光景を発見した。金正恩は行列に並んでいた一人の男性に聞いた。

「なぜこんなに並んでいるんだ?」

「はい。この街はひどい肉不足に悩まされています。ひとかけらの肉を買うだけでも二時間以上は待つくらいで」

「そうか。それはひどい。改善せねばいかんな」

金正恩は行列に並ぶ人たちに向かって大声で言った。

「私がなんとかしよう!」

人々からは歓喜の声と拍手が湧き起こった。金正恩は側近に速やかに指示を出した。

一時間後、肉屋の前に一台のトラックが姿を現した。

そして、トラックの荷台から一〇〇脚ばかりの椅子が下ろされ、店の前に並べられていったのである。

バスケットボール・ファン

スイス留学中の金正恩が、夢中になったのがバスケットボール。そのプレースタイルは「ゲームメーカー」で、性格は「負けず嫌い」だったとか。

ひいきのチームはアメリカNBAのシカゴ・ブルズ。留学先の部屋には、マイケル・ジョーダンのポスターを貼っていたらしい。

かつてシカゴ・ブルズで活躍した名選手、デニス・ロッドマンが昨今、しばしば訪朝しているのにはそのような背景がある。ちなみにロッドマンは金正恩のことを、

「素敵な家庭を持つ」

「いいお父さん」

などと評している。現役時代から「異端児」で鳴らしたロッドマンだが、金正恩とは「似た者同士」で気が合うのだろうか。

しかし、そんなロッドマンは自身が「トランプ支持者」であることも表明している。シュールなコントでも見ているようである。

予言

平壌で行われていた政治集会で、一人の男がこう演説した。

「今の子供たちの世代が大人になった頃には、我が祖国はよりよい国になっているに違いない！」

すると数人の秘密警察が彼を取り囲み、逮捕してしまった。男はわけのわからない

ままに叫んだ。

「これはいったい、どういうことだ？　私が何をしたっていうんだ？」

秘密警察の一人が答えた。

「おまえは今、金正恩政権の将来の崩壊を公然と予言しただろう！」

イエスマン

金正恩が言った。

「私が傲慢《ごうまん》な独裁者で、周囲には『イエスマン』しかいないだって？　それはウソだ。私が『ノー』と言えば、みんなも『ノー』と言うのだから」

最高指導者に

スイス留学から北朝鮮に戻った金正恩は、金日成総合大学に入学。金日成総合大学は一九四六年に創立された大学で、北朝鮮国内における最高の教育機関である。

金正恩は同大において情報工学について学んだとされる。ちなみに、父親の金正日も同大の出身。金正日は経済学部の出身だという。

金正恩が北朝鮮の最高指導者の地位に立ったのは二〇一一年。父・金正日の死去により、その地位を継承した。

その後、独裁色を増しつつ、国際社会からさらに孤立する道を歩んでいるのは、周知の通りである。

金正恩は果たして「好戦的な異常者」か。それとも「冷静な戦略家」か。彼の真の「キャラクター」を見定めるため、多くの研究家が分析を続けているが、いまだに彼は「謎の男」のまま。

いずれにせよ、ジョークのキャラクターとしては申し分ない存在である。

合格発表

金日成総合大学の入学試験。

一人の受験生が懸命に答案用紙を埋めていたが、一問だけどうしてもわからない問題があった。困った彼は、苦しまぎれにこう書いた。

「偉大なる最高指導者・金正恩同志のみぞ知る」

数日後、彼の自宅に合否の通知が届いた。そこにはこう書かれていた。

「金正恩同志は合格しましたが、あなたは不合格」

暮らし向き

金正恩が人々の生活の実態を知ろうと、正体を隠して街の視察に出た。金正恩は一人の老人に声をかけた。

「最近の暮らし向きはどうですか？」

「ええ、とてもよくなっていますよ」

金正恩は嬉しくなってさらに聞いた。

「例えばどのように？」

老人は答えた。

「そうですね。以前は汚くて狭い木造の小屋に住んでいたのですが、今ではキレイな高級マンションで暮らしています。食事も昔はトウモロコシばかりでしたが、今では肉や魚を好きなだけ食べることができます」

金正恩は心の中で歓喜した。

(すばらしい！　私の政策がうまくいっている証拠だ。人々の暮らしは間違いなく上向いている！　本当によかった！)

老人は笑いながら続けた。

「本当に嬉しい限りですよ。娘が朝鮮労働党の党員と結婚できるなんて」

宿屋にて

シリアのアサド大統領と、インドのモディ首相と、北朝鮮の金正恩が三人で旅行していた。

日が暮れて三人は宿屋へ行った。しかし、あいにくその宿屋には二部屋しか空室がなかった。よって、一人は庭にある納屋《なや》で寝なければならなかった。

誰が納屋で寝るかを決めるため、三人はクジを引いた。その結果、アサドが納屋で寝ることになった。そして、まもなく就寝となった。

しかし、しばらくすると、宿屋の扉を叩く音がする。宿屋の主人が扉を開けると、そこにはアサドが立っていた。アサドが言った。

「申し訳ないのですが、納屋に豚がいましてね。私の宗教では、豚と一緒に寝ることはできないのです」

仕方なく、今度は二人でクジを引いた。その結果、モディが納屋で寝ることになった。

しかし、しばらくすると、再び宿屋の扉を叩く音がした。宿屋の主人が扉を開けると、そこにはモディが立っていた。モディが言った。

「申し訳ないのですが、納屋に牛がいましてね。私の宗教では、牛と一緒に寝ることはできないのです」

こうして結局、金正恩が納屋で寝ることになった。

しかし、しばらくすると、三たび宿屋の扉を叩く音がした。

宿屋の主人が扉を開けると、そこには豚と牛がいた。

不世出の先軍統帥者？

北朝鮮国内において、金正恩は様々な表現で讃《たた》えられる。

「最高司令官」

「革命武力の最高指導者」

「不世出の先軍統帥者」

などなど。

「金日成の再来」

という言い方もされるが、この点については本人も強く意識している部分があるようだ。

金正恩の髪型や話し方は、「建国の父」であり実の祖父である金日成をイメージしたものだとされる。一説には、

「金日成に似せるための整形手術を受けている」

という話もあるが、北朝鮮当局は、

「くだらないメディアによる下劣なデマだ」

とこれを否定。真相は不明である。

ちなみに、同じ朝鮮半島の韓国は、

「整形大国」

と言われるが、将軍様の御尊顔《ごそんがん》は果たして？

誘拐事件

金正恩が何者かによって誘拐された。

数日後、犯人グループから朝鮮労働党本部に脅迫電話がかかってきた。犯人の男はこう叫んだ。

「今すぐに一〇〇万ドル用意しろ。さもないと金正恩を生かして帰すぞ！」

モスクワはまだか

金正恩がロシアで開催される国際会議に出席するため、列車でモスクワまで行くことになった。その道中、同行していた妻の李雪主《リソルジュ》が金正恩に聞いた。

「ねえ、モスクワはまだかしら？」

すると、金正恩は窓から手を出して言った。

「いや、まだだ」

数時間後、李雪主が再び聞いた。

「ねえ、モスクワはまだかしら？」

すると、金正恩は窓から手を出して言った。

「いや、まだだ」

その後、李雪主が三たび聞いた。

「ねえ、モスクワはまだかしら？」

すると、金正恩は窓から手を出して言った。

「ああ、ようやく着いたようだ」

李雪主が聞いた。

「そう、随分と長かったわね。でも、あなたはどうして何度も窓から手を出したりしていたの？」

金正恩が答えた。

「簡単な話さ」

金正恩が続けた。

「最初に窓から手を出した時、誰かが手にキスをしてきた。だから、まだ北朝鮮にい

るとわかったんだ。次に手を出した時、誰かが手を叩いてきた。だから、中国を通過している最中だとわかったんだ。そして、最後に手を出した時、私の腕時計は盗まれてしまった。だから、モスクワに入ったとわかったんだ」

妻・李雪主

金正恩の妻は、李雪主という女性。

一九八九年生まれで、父親は大学教員、母親は医師という裕福な一般家庭の出身である。

そんな彼女は幼い頃に芸術団員に抜擢《ばってき》され、そこで音楽の才能を磨いたという。その後、平壌の高等中学校を経て、中国に留学。声楽を学んだ。

二〇〇五年、韓国の仁川《インチョン》で行われたアジア陸上競技選手権大会の際、北朝鮮の選手を応援する「美女軍団」が話題となったが、李雪主もその中の一人であったとされる。

金正恩と結婚したのは二〇〇九年。舞台で歌を披露している際に、金正恩の目に留まったのだとか。

以後、二〇一七年二月までに三人の子供に恵まれているという。

ただし、子供たちに関しても詳しいことはわかっておらず、その性別さえも「第二子が女の子」ということだけしか判明していない。つまり、「後継者候補」たる男子がいるのかどうかも不明なのだ。

謎多き「ファーストファミリー」である。

浮気

金正恩に側近が耳打ちした。

「どうも奥様が浮気されているという情報がありまして」

「何だと！」

激怒した金正恩は、すぐに自宅に電話をかけた。電話にはメイドが出た。金正恩は言った。

「おい、妻は何をしている？」

メイドは答えた。

「奥様なら、ボーイフレンドの方と一緒に二階の寝室にいらっしゃいます」

それを聞いた金正恩は怒鳴った。

「私の部屋に拳銃がある。それで二人とも射殺してくれ」

「わかりました」

一〇分後、金正恩は再び電話をした。

「どうだ？　うまくいったか？」

「言われた通りにしました。それで死体はいかがいたしましょう？」

「とりあえず、庭のプールの中にでも放り込んでおいてくれ」

それを聞いたメイドが、不思議そうに言った。

「しかし、家にプールなんてありませんが？」

金正恩はしばらく考えた後、こう言った。

「失礼。間違い電話だったかな」

天国のメーター

一人の男が亡くなり、天国へと旅立った。出迎えた天使が言った。

「それでは、天国をご案内しましょう」

男は天使に連れられ、天国の広場や図書館、レストランなどを見て回った。どこも楽しそうな雰囲気だった。

歩いている途中、男は一つの小屋を見つけた。小屋の中を覗いてみると、壁に無数のメーターが掛けられている。男は天使に聞いた。

「このたくさんのメーターは何ですか？」

天使が答えた。

「これは地上の人間たちの悪行を計るメーターです。その人が悪いことをすればするほど、メーターの針は速く回っていきます」

「なるほど」

男性がそれらのメーターに目をやっていると、その中の一つが異常に速く回っていることに気が付いた。男性が聞いた。

「あのメーター、ものすごいスピードで回っていますね」

天使が言った。

「ええ。あれは金正恩のメーターです」

天使が続けた。

「夏には扇風機として利用しています」

事故

金正恩の乗ったリムジンが、平壌郊外の田舎道を走っていた。

すると道の脇から一匹の豚が飛び出してきて、リムジンと衝突してしまった。運転手は慌《あわ》てて停車し、リムジンから降りた。運転手は事故の状態を確認し、後部座席に座っていた金正恩に報告した。

「すいません。豚を轢《ひ》き殺してしまいました。どうもそこの農家の小屋から逃げ出してきた豚のようです。一応、農家の主人に話してきます」

運転手は農家へと向かった。

しかし、いくら待っても運転手が戻ってこない。結局、運転手がリムジンに戻ってきたのは二時間後のことであった。しかも、随分と酔っぱらっている。金正恩が聞いた。

「どうした？　何があった？」

運転手が答えた。

「私は事情を説明したのですが、なぜだかすごく農家の主人が喜びまして。それで酒が振る舞われ、盛大な宴会が始まったというわけです」

金正恩は首をかしげながら聞いた。

「それはおかしな話だな。おまえはいったい、なんて説明したのだ？」

運転手が答えた。

「はい、私はこう言いました。『私は金正恩同志の運転手なのだが、豚を殺してしまった』と」

将来の夢

平壌の小学校。教師が一人の生徒に聞いた。

「君の母親は誰だ？」

生徒は答えた。

「はい。我が愛する祖国です」

「よし。では君の父親は？」

「よき指導者である金正恩朝鮮労働党委員長です」

教師は満足そうに微笑みながら、さらに聞いた。

「それでは君の将来の夢は?」
生徒は答えた。
「はい。僕は孤児になりたいです」

独裁国家のかたち

北朝鮮の正式な国名は「朝鮮民主主義人民共和国」。随分と長たらしい名前である上、実態と大きく掛け離れているのがその特徴である。

朝鮮民主主義人民共和国政府や在日本朝鮮人総聯合会(朝鮮総聯)は、

「北朝鮮」

という呼称ではなく、

「朝鮮」

「共和国」

といった呼び方の正当性を主張しているが、日本側はこれを拒否している。

また、韓国では、

「北韓」

という呼称が定着。「北にある韓国」という意味である。

三八度線を隔《へだ》てて対峙《たいじ》するそんな両国だが、北朝鮮の憲法によると、朝鮮半島全体が「自国の領土」として規定されている。

ただし、これは韓国も同じ。韓国も憲法上は朝鮮半島全体が「自国の領土」である。

つまり、両国は互いにその存在を認めていない。南北は今もまさに「休戦中」なのである。

勝利の日

三八度線を睨《にら》む北朝鮮の基地には、一人のラッパ手がいる。彼の役目は朝鮮戦争で北朝鮮が勝利したその日に、高々とファンファーレを吹き鳴らすことである。

日当は安い。手当もない。しかし、それを補ってあまりあるメリットが彼にはある。

それは、おそらく終身雇用であるということだ。

涙の理由

平壌の小学校。教師が生徒に聞いた。

「世界で最も進んでいる国は？」

生徒たちは声を揃えて答えた。

「朝鮮民主主義人民共和国です」

「では、世界で最も豊かな国は？」

「朝鮮民主主義人民共和国です」

「では、世界で最も道徳的な国は？」

「朝鮮民主主義人民共和国です」

しかしその後、生徒たちは一斉にしくしくと泣きだしてしまった。教師が驚いて聞いた。

「いったいどうしたんだ？」

生徒たちが答えた。

「先生、僕たちは朝鮮民主主義人民共和国に生まれたかったです」

不人気の理由

朝鮮労働党の発案と指導により、平壌の中心街に外国人向けの豪華なレストランがオープンした。自国のイメージを少しでも改善することがその目的である。開店初日、店は多くの外国人たちで賑わった。

食事には、北朝鮮自慢のメニューがズラリと並んだ。

酒も多彩な種類が揃えられた。

食事の合間には、盛大なストリップショーが行われた。

しかし、開店から一週間もすると、客はパッタリと来なくなってしまった。

そこで支配人は当局に対し、

「ストリップに問題があるのではないか」

と連絡を入れた。

すると当局からの返答は、次のようなものであった。

「党の指導に黙って従うように。それからストリップには全く問題ない。なぜなら、踊り子たちはみな四〇年以上の党歴を誇る模範党員たちばかりなのだから」

宇宙開発

北朝鮮が本格的に宇宙開発の研究に取り組めば、アメリカや日本をすぐに追い抜き、月面に基地を造ることなどは雑作もないであろう。

問題は、帰還の時である。

祖国に戻るよう、どうやって宇宙飛行士たちを説得すればよいのだろうか。

新種

北朝鮮の科学者が長い研究の末、新種の生物を生み出すことに成功した。

それは、キリンと乳牛の交配により誕生した新種だという。科学者が新聞記者たちを前にして自慢げに言った。

「この新たな動物を三八度線の付近で飼えば、我が国はすばらしい恵みを得ることができる」

一人の新聞記者が尋ねた。

「どういうことでしょうか？」

科学者が答えた。

「韓国で草を食《は》み、我が国で乳を搾《しぼ》ることが可能なのだ！」

粛清の嵐

二〇一三年一二月一二日、金正恩は自身の叔父にあたる側近の張成沢《チャンソンテク》を処刑。張成沢は元々、北朝鮮における「ナンバー2」の地位にあった大物中の大物である。金日成の娘であり、金正日の妹にあたる金敬姫《キムギョンヒ》と結婚し、党内の要職を歴任した張成沢は、金正恩の後見人的な存在であった。

そんな張成沢が処刑された理由は、

「軍事クーデターにより、国家転覆を目論《もくろ》んだ」

というものだったが、詳しいことはわかっていない。

朝鮮中央放送は処刑に際し、張成沢のことを、

「犬畜生にも劣る人間のゴミ」

「凶悪な政治的野心家」

「陰謀家」

などと表現。激しい拷問の末、数百発の機銃《きじゅうそうしゃ》掃射にさらされ、火炎放射器で焼かれて殺されたとも伝わる。「猟犬を使って殺害された」という話もある。

また、処刑の対象は張成沢だけでなく、その家族にまで及んだとも。まるで戦国時代のような話であるが、こうした行動は金正恩が自らの政権基盤に強い不安を感じている証左とも言えよう。

このような構図は、二〇世紀の共産主義国家が歩んだ「独裁者お決まりの道」でもある。金正恩の手法は、まさにソ連のスターリンやルーマニアのチャウシェスクの系列に類する「恐怖政治」の現代版と言える。

粛清すればするほど恐怖心が高まるという「負のループ」である。

ナイフ

朝鮮労働党の党大会の後、晩餐会《ばんさんかい》が行われた。一人の側近が、ステーキを手で食べていた。それを見た金正恩が、眉《まゆ》をひそめて言った。

「おい、ナイフを使え！」

側近はすぐさま立ち上がって答えた。

「はい！　わかりました！」

側近は続けて言った。

「で、誰を殺《や》ればいいので?」

素性《すじょう》

平壌の地下鉄。混み合った車両内で立っていた老人が、すぐ隣りにいた男に聞いた。

「すいませんが、あなたは朝鮮人民軍の兵士ですか?」

「違います」

「では、あなたの家族に朝鮮人民軍の兵士はいますか?」

「いません」

「では、あなたは秘密警察の方ですか?」

「違いますよ」

「では、あなたの家族に秘密警察の方はいますか?」

「いませんよ! いい加減、しつこいですね。いったい何が言いたいんですか、あなたは？」

老人が答えた。

「それならばいいんです。では言いますが、あなた、私の足を踏んでますよ」

脱北の理由

北朝鮮に住む一人の男が、脱北を試みた。しかし、国境を越える直前で警察官に捕まってしまった。

その警察官の顔をよく見てみると、驚くべきことに男の昔からの友人だった。男が言った。

「見逃してくれよ。この国にはもう絶望しかないんだ！」

警察官が言った。

「確かに君を捕まえるのは忍びない。しかし、それはできない相談だ。なんだっておまえは、脱北などしようとしたんだ？」

「理由は二つある」

「どんな理由だ？」

「一つは、この国は腐り切っているということだ。党は腐敗にまみれ、指導者は自分のことしか考えていない」

「そんなことを言うな。国は以前よりも豊かになっている。軍事力も強化された。政権は盤石《ばんじゃく》だよ」

男は言った。

「そう。それが二つ目の理由だ」

南進

問い・北朝鮮から南へひたすら歩いていくと、どこに着くだろう？

答え・理論的には韓国である。しかし、現実的には強制収容所である。

金正男暗殺事件

二〇一七年二月一三日、金正恩の異母兄に当たる金正男《キムジョンナム》が、マレーシアのクアラルンプール国際空港で殺害された。多くの監視カメラが設置されている白昼の空港で起きたテロであった。

このニュースは日本はもちろん、世界中を瞬く間に駆け巡った。結局、実行犯として逮捕されたのは女二人。インドネシア国籍とベトナム国籍の女性であった。二人とも貧しい農村の出身で、マレーシアに出稼ぎに来ていたという。首謀者とみられる工作員たちは、すでに北朝鮮へと逃れていた。

同年一〇月一〇日、クアラルンプール郊外で開廷された裁判によると、金正男の遺体の顔からは「致死量を超える猛毒の神経剤VX」が検出されたという。VXは致死性が非常に高く、国連が大量破壊兵器に指定している毒物である。

さらに、事件の二日前に「被告が暗殺の予行練習をしていた」とみられる様子が防犯カメラに映っているという証言も出た。

当の二人は、その行為自体は認めているものの、

「日本のテレビのいたずら番組への出演と思っていた」

「致命的な毒物とは知らされていなかった」

と殺意を否定している。事件の詳細は、いまだ明らかになっていない。

「史上最大の兄弟喧嘩」の真相はいずこに。

罪状

平壌の街角で、一人の酔っ払いが叫んだ。

「金正恩は大嘘つきの大バカ野郎だ！」

すると、その男はたちまち警察官に取り押さえられてしまった。男が怒鳴った。

「俺が何をしたっていうんだよ！」

警察官が答えた。

「国家機密漏洩《ろうえい》罪」

出国の自由

問い・金正恩が国民に出国の自由を与えないのはなぜか？

答え・ひとりぼっちになってしまうから。

パスポート

金正恩が役所の視察に赴いた。役所内を歩いていた金正恩は、とある窓口に長い行列ができているのを見つけた。金正恩は側近に聞いた。

「なんだ？　あの行列は？」

側近が答えた。

「あれはパスポートを取得しようとする者たちの行列です」

「随分と長い行列だな。係員の手際《てぎわ》が悪いのだろう」

金正恩は窓口へ行って係員に言った。

「行列ができないよう、もっと工夫してやりなさい」

「はい、承知しました」

金正恩は続けてこう言った。

「そうだ。私もパスポートを取得しておくか。考えてみたら、もうだいぶ前に期限が切れているからな」

側近が聞いた。

「あの、パスポートをお取りになるのですか？」

「そうだ、早くしろ」

役所側はできるだけ早く、パスポートを発給した。できたばかりのパスポートを手にしながら、金正恩は笑った。

「これでよし」

金正恩がそう言って周囲を見渡すと、先ほどまで延びていた長い行列が、すっかりなくなっているではないか。その光景を見た金正恩は、嬉しそうに窓口の係員に言った。

「たいしたものだ。やればできるじゃないか。で、どんな工夫をした？」

係員が答えた。

「工夫も何も。あなたが出国するのなら、パスポートなど誰も必要ではありませんから」

TRUMP vs. KIM JONG-UN

経済状態

不足

平壌の酒場にて。客がバーテンダーに言った。

「ビールをもらおうかな」

バーテンダーが答えた。

「あいにく切らしておりまして」

「じゃあ、ウイスキーは？」

「それも、ちょっと」

「仕方ないな。では、煙草《たばこ》でももらおうか」

「それもないんですよ」

「なんだよ、何もないじゃないか！　それなら店を閉めておけよ！」

バーテンダーが言った。

「はい。そうしたいのですが、閉める鍵もないんです」

人民の生活

金正日時代の一九九五年から一九九九年頃にかけて、北朝鮮は経済政策の破綻《はたん》と大飢饉により、極度の貧困状態に陥《おちい》った。

この「苦難の行軍」と呼ばれた時期に餓死した者の数は、一〇〇万人以上とも推定されている。金正日政権は、そんな状況下においても核ミサイルの開発を優先。被害は著《いちじる》しく拡大した。

現在はそこまでの惨状からは脱したようだが、いまだ経済状態は不安定極まりない。国内における貧富の格差はさらに広がり、首都である平壌には瀟洒《しょうしゃ》な高層ビルが立ち並ぶ一方、郊外や地方には重度の貧困が蔓延《まんえん》している。

二〇一七年の夏には、旱魃《かんばつ》による水不足が発生。そのため、二〇一八年の米やトウモロコシの収穫量の落ち込みが危惧《きぐ》されている。再び各地で餓死者が出るような状況に陥るかもしれない。

ロシアのプーチン大統領は、こう言っている。

「北朝鮮は草を食べても核を放棄しない」

草を食べるのは国民であって、将軍様ではない。

旱魃

北朝鮮で深刻な旱魃が続いた。農民たちは村の広場に集まり、大規模な雨乞《あまご》いをすることにした。

当日がもし雨だった場合は、村の集会所でやることに決めた。

行軍

問い・北朝鮮は明るい社会主義国家建設に向けて行軍を続けている。なのになぜ、日々の食事にも苦労するような現状なのだろうか？

答え・行軍中に食事などしないものである。

農場

金正恩が農場の視察に赴き、農民の一人に聞いた。

「今年の収穫はどうだ?」

農民が答えた。

「はい。それはもう豊作で。積み上げたジャガイモが、神様のいる場所まで届きそうなくらいです」

金正恩が言った。

「しかし、神などこの世にいないのだぞ」

農民がうなずいて答えた。

「ええ。ですから、ジャガイモもないわけで」

相違点

問い・キリスト教と金正恩政権の違いとは?

答え・キリスト教は清貧を説く。金正恩政権はそれを実現する。

農村

平壌に住む兄弟が都会の生活に疲れ、農村に移住することにした。弟が心配そうに兄に聞いた。

「我が国の地方はすごく貧乏だと聞く。本当に大丈夫だろうか?」

兄がうなずきながら答えた。

「確かに。ではまず私が一人で向こうへ行き、あちらの様子を手紙に書こう。おまえはそれを読んだ上で判断すればいい」

弟は言った。

「でも、国を悪く書いた手紙は、検閲《けんえつ》に引っ掛かるかもしれない」

「では、こうしよう。私はその村がどんな場所であろうとも、必ず褒《ほ》めて書く。その際、手紙が黒のインクで書かれていれば、本当にすばらしい村だと受け止めてくれ。しかし、赤のインクで書かれていれば、本当は貧しい村だという意味にしよう」

兄はそう言って、旅立って行った。

それから数カ月後、弟のもとに兄から手紙が届いた。手紙には黒い文字でこう書かれていた。

「親愛なる弟よ。

我が国の農村は本当にすばらしい！　食糧は豊富にあるし、人々は大きくて立派な家に住んでいる。仕事もたくさんあって、村じゅうが活気に溢れている。外国のマスコミが言っていることはすべてウソだ。我が国の農村には何でもある。欲しいものは何でも手に入る。

手に入らないのは、赤いインクくらいだ」

道

問い・北朝鮮での暮らしは、日に日に苦しくなっている。食糧事情も一向に改善されないし、物価は高くなるばかりである。また、言論や報道の自由などは望むべくもない。このような状況から抜け出す唯一の道とは？

答え・平壌―ソウル高速道路

出稼ぎ労働者

北朝鮮は海外に多数の「出稼ぎ労働者」を派遣している。派遣先として多いのはロシアや中国、ポーランド、モンゴルなどである。

彼らの多くは建設現場や鉱山などで働くが、そこで得られた給与の大半が祖国に送金される。このような労働者の派遣は、北朝鮮にとって外貨獲得のための重要な手段の一つとなっている。

二〇一八年にサッカー・ワールドカップが開催されるロシアでは、スタジアムの建設現場で北朝鮮出身の労働者が酷使《こくし》されているという。一〇〇人以上の北朝鮮労働者が不透明なかたちで労働に関与し、劣悪な環境と条件により、死者も発生しているとされる。

サンクトペテルブルクには、北朝鮮労働者を専門に扱う建設会社がある。北朝鮮出身者には、極めて安い賃金しか支払われない。移動の自由もないという。

ただし、北朝鮮がミサイル発射や核実験を重ねた結果、国連は制裁として出稼ぎ労働者を制限する措置を決定。二〇一七年九月一一日、国連安保理は実に九回目となる対北朝鮮制裁決議を採択したが、その中には、

「北朝鮮の出稼ぎ労働者との契約が満了した場合、更新を禁止する」

という内容が明記された。

これは労働者の「輸出」による利益が、核やミサイルの開発費に注ぎ込まれていることを懸念しての措置である。

恵まれない国

朝鮮労働党の党員が、農村部の視察に行った。農民の一人がこう言った。

「生活は非常に苦しいと言わざるを得ません。食べるものも着るものも、すべてが不足しています。なんとかしてください」

党員が答えた。

「しかし、世界には我が国よりも恵まれない国が山ほどある。アフリカには私たちよりももっと大変な暮らしをしている人たちがいる。飲むのに適した水もなく、充分な食糧もない生活の中で、多くの子供たちが飢え死にしている国もあるのだから」

農民はため息をついて言った。

「なるほど。アフリカでは我が国よりもずっと前に、社会主義政権が誕生していたのですね」

悲鳴

北朝鮮の高官が、国際会議に出席するためパリへ行った。到着した夜、高官が向かった先は売春宿であった。

高官は女性を選ぶと、二階の部屋に消えていった。しかし、数分後、女性が悲鳴をあげながら二階から駆け下りてきた。

「ひどい！　冗談じゃないわ！」

宿の女主人は仕方なく、別の女性をあてがった。しかし、数分後、再びその女性も二階から悲鳴と共に駆け下りてきた。

「ダメよ。それだけは絶対にダメ！」

長年にわたってこの世界にいる女主人でさえ、売春婦たちがこれだけ嫌がる光景を見るのは初めてだった。女主人は好奇心に駆られ、二階に上がっていった。

二階には清掃係の男がいた。女主人は清掃係に聞いた。

「ねえ。いったい何があったっていうの？」

清掃係は答えた。

「ええ。それがですね、ひどいんですよ」

清掃係が続けた。

「あの男、北朝鮮のお金で払おうとしたようで」

半々

平壌の食堂。肉団子を頼もうと思った客が、店員に聞いた。

「どんな肉を使っているのかね？」

店員が答えた。

「七面鳥とダチョウの合《あ》い挽《び》きです」

「割合は？」

「半々です」

「五〇％ずつということだね」

店員は首を横に振って言った。

「いえ、一羽に一頭です」

工事の予約

平壌に住む一人の男性が、自宅にインターネット回線を引こうとした。申し込みから三カ月、ようやく連絡がきた。

「まず事務所まで来るように」

男性が事務所に行くと、担当者から次のように言われた。

「あなたの申し込みは受理されました。三年後に工事にうかがいます」

それを聞いた男性が聞いた。

「わかりました。それで、その日の工事は午前ですか？　それとも午後ですか？」

「三年後のことだから、わかりません。どうしてそんなことを気にするのですか？」

男性が答えた。

「午前中に水道屋が来るものですから」

TRUMP vs. KIM JONG-UN

言論・メディア

検閲

韓国人の男が、北朝鮮に住む親戚に手紙を書いた。彼はこう綴《つづ》った。

「この手紙があなたに届くことを祈っています。北朝鮮には検閲があるらしいから」

数週間後、その手紙は彼のもとに戻ってきた。封筒にはこう記されていた。

「我が朝鮮民主主義人民共和国を中傷する内容が含まれていたため、この手紙を郵送することはできない。あなたはウソを書いてはいけない。我が国に検閲などない」

メディア

問い・北朝鮮の新聞において、唯一正しいものと言えば？

答え・日付。

政治談議

平壌のとある酒場。二人の男が「政治談議」をしていたという疑いで、警察に尋問されることになった。一人が言った。

「酒と政治談議はつきものです。それがダメだというのなら、私たちは酒場でいったい何をしろって言うんですか？」

警察官が答えた。

「食べることと飲むこと。それで充分だ」

「それでは家畜と変わらないじゃないですか」

「いや、それは違う」
「どこが違うっていうんです？」
警察官は言った。
「おまえたちは金《かね》を払わなければならない」

メディアコントロール

北朝鮮の国営テレビ放送局「朝鮮中央テレビ」では、放送開始の前に必ず「金日成将軍の歌」と「金正日将軍の歌」を流す。党がメディアを完全に支配している構図である。

日本でもしばしば紹介される「女性アナウンサーが絶叫するニュース」も、同局の番組。この女子アナの名前は、

「李春姫《リチュンヒ》」

といい、国立演劇団出身の女優とのこと。まさに、同番組が報道ではなく演劇であることを示す証左と言えようか。

新聞報道の中心は、朝鮮労働党機関紙「労働新聞」や、政府機関紙「民主朝鮮」。新聞といっても、党のプロパガンダとしての役割を担《にな》っているのは言うまでもない。

「労働新聞」は地下鉄の駅などでも売られているが、金正恩は同紙の発行部数を倍増

するよう指示を出しているという。言論によるコントロールをさらに強化する腹積もりであろう。

ちなみに、北朝鮮では金正恩やその家族の写真が掲載されている新聞を折ったり尻に敷いたりすると、罰則を受ける可能性があるという。

新聞の用途

問い・北朝鮮において、新聞とテレビではどちらが人々の生活の役に立っているだろうか？

答え・新聞。なぜなら、新聞はニシンをくるむことができる。

値段

平壌の街角で、新聞売りがこう叫んでいた。

「朝刊、一部一〇〇ウォン！」

一人の男がその朝刊を買った。男はさっそくその場で新聞を読み始めたが、やがて新聞売りに言った。

「おいおい！　おまえはこの新聞が一部一〇〇ウォンだと言っていたが、紙面には八〇ウォンと書いてあるじゃないか！」

すると、新聞売りは言った。

「あなたは新聞に書いてあることを信じるんですか？」

ウソつき大会

エイプリルフールの特別企画として、世界各国の新聞メディアが、

「どれだけ大きなウソのニュースを作れるか？」

という大会で競い合うことになった。

アメリカや日本、フランスなど、各国の新聞社が参加を表明した。しかし、なぜか北朝鮮の新聞社だけは、

「不参加」

という返事を大会本部に届けてきた。不思議に思った大会本部が、北朝鮮にメールで問い合わせた。

「どうして参加いただけないのでしょうか?」

するとこんな返信があった。

「私たちは社の方針として、紙面にウソを書くことはできません」

数日後、北朝鮮の新聞社のもとに、大会本部から一つの小包が届いた。

中を開けてみると、そこには「優勝」と書かれた表彰状とトロフィーが入っていた。

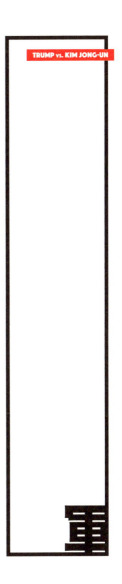

徴兵検査

平壌に住む一人の青年が、徴兵の時期を迎えていた。青年はどうしても入隊するのが嫌だった。そこで、青年は悩み抜いた結果、自分の性器を切り落とすことにした。

(これならば身体検査で不合格になるだろう)

迎えた徴兵検査の当日。検査はほどなく終わり、結果発表となった。

検査官が合否を発表し始めた。青年の番号は一七番だった。検査官が大きな声で言った。

「一七番、不合格!」

青年はほっと胸を撫《な》で下《お》ろした。検査官は続けた。

「理由は扁平足《へんぺいそく》！」

朝鮮人民軍の実態

北朝鮮の軍隊の正式名称は「朝鮮人民軍」。

同軍は陸軍や空軍を運用する戦略軍や、特殊部隊を統括する特殊作戦軍などから構成されている。

総兵力は一二〇万人ほど。北朝鮮の人口が約二四〇〇万人であることから計算すると、実に国民の約五%が軍役に就いていることになる。

そのうち、地上軍の兵力は約一〇二万人とされるが、これは歩兵兵力としては世界第三位の規模になる。

北朝鮮は事実上の徴兵制度を敷いているが、その服務期間は一七歳から一一年間と極めて長い。加えて、女性にも七年間の兵役の義務がある。

以上のような体制を敷き、「軍事強国」を掲げる北朝鮮だが、その末端の実態は大きく異なる。兵器や装備は一昔前のものが大半で、兵士たちは日々の食糧にも困るほどだという。国の規模に見合わない軍事力を維持するだけの環境が、整備できていない。

二〇一七年一一月に南北軍事境界線を越えて韓国に亡命した北朝鮮兵士の腸内から

は、最大で二七センチにもなる寄生虫が見つかった。軍が劣悪で不衛生な環境下にある証拠である。

空軍や海軍の戦力は、さらに劣る。北朝鮮が保有する軍用機は千機以下。一方のアメリカ軍は、一万三〇〇〇機以上もの軍用機を保持している。空母の数はアメリカが一〇隻（さらに二隻を建造中）、北朝鮮はゼロである。

二種類の戦車

中国軍が使用していた中古の戦車を、北朝鮮軍が購入することにした。北朝鮮軍の高官が中国軍の士官に尋ねた。

「戦車には二種類あるようですね。値段が一万ドルほど違うようですが、どんな違いがあるのですか？」

中国人士官が答えた。

「値段が高い方は、バックする時にライトが点灯する仕組みになっています。安い方には、それがありません」

それを聞いた北朝鮮の高官は言った。

「わかった。では、我が軍は安い方をもらおう」

高官はこう続けた。

「高い方は韓国軍に売りつけておいてくれ」

先軍政治と先軍節

朝鮮労働党委員長であると同時に「朝鮮人民軍最高司令官」という肩書も持っている金正恩。

二〇一二年四月に行われた軍事パレードの場では、自らの演説の中で、

「軍事優先の政治の継承」

「核抑止力の保持」

といった政策を掲げた。金正恩の肉声が北朝鮮内外に伝えられたのは、この時が初めてのことであった。父親の金正日はほとんど演説をしなかったが、金正恩は祖父である金日成のスピーチを参考にしたという。

北朝鮮は「すべてにおいて軍事を優先する」という「先軍政治」を敷いている。これは金正日時代の一九九七年に打ち出された指導理念だが、これこそが北朝鮮の政治思想の根幹をなしている。金正恩はこの路線を着実に踏襲している。

ちなみに北朝鮮では、「金正日が先軍政治を始めた日」とされる八月二五日が「先軍節」として祝日に指定されている。

滑走路

北朝鮮軍の戦闘機が、飛行中に故障に見舞われた。操縦士が副操縦士に言った。

「このままでは墜落してしまう。仕方がない。予定の基地まではとても行けそうにないから、近くの空港に緊急着陸しよう」

「わかりました」

操縦士はなんとか機体を空港へと近付けていった。しかし、空港を眼下に確認した操縦士は、叫ぶようにして言った。

「なんてことだ！　この空港の滑走路は短過ぎる！　これでは着陸できない！」

副操縦士が言った。

「しかし、他に方法はありません」

「わかった。一《いち》か八《ばち》かやってみよう」

操縦士は覚悟を決めて、機体の高度を徐々に落としていった。その結果、操縦士の懸命の努力の甲斐《かい》あって、無事に滑走路に着陸することができた。

操縦士は満足感でいっぱいだった。操縦士は天に感謝しながら、機体から降りた。

彼はゆっくりと息を吐きながら、あたりを見渡してこう言った。

「しかし、この滑走路、幅はとんでもなく広いな」

TRUMP vs. KIM JONG-UN

中朝関係

自動車のプレゼント

朝鮮半島に「北朝鮮」という国家が誕生した際、中国共産党はお祝いとして自動車を金日成に贈った。

しかし、その自動車にはハンドルが付いていなかった。不思議に思った金日成が、中国に電報を打った。

「どうして自動車にハンドルが付いていないのか?」

すると、中国から次のような返信が届いた。

「君がアクセルを踏め。ハンドルはこちらが握る」

中国との密接な関係

北朝鮮という国家は政治的にも経済的にも、中国の強い影響下にある。歴史的な経緯も含め、率直に言って「中国の弟分」という色彩が濃い。

国内に流通する生活物資の多くは中国製。石油も中国からの輸入が大半を占める。軍人の軍服や軍靴《ぐんか》なども、すべて中国製だとされる。

国連による度重なる経済制裁の結果、北朝鮮の貿易量は激減し、外貨収入は低下。しかし、その効果の有無も、中国の態度次第ということになろう。

朝鮮半島情勢の「陰の主役」「黒子」は、中国だと言える。

そんな中国だが、近年では北朝鮮との距離の取り方に悪戦苦闘中。加速し続ける北朝鮮の暴走ぶりを見るにつけ、中国としても露骨に親密な姿勢を示すことは国際社会の中で難しくなってきている。トランプ政権も中国に対し、北朝鮮への圧力をより強めるよう求めている。

加えて、金正恩政権が中国に対して時おり反抗的な態度を見せることも、中国としては面白くない。中国にとって北朝鮮は、「思い通りにならない弟」になりつつある。

かといって、弟分を完全に見放すこともできない。

そんな中で迎えた二〇一八年三月、金正恩が電撃的に中国を非公式訪問。習近平と会談した。訪問は習近平の招きによるものだったという。

劇場

北朝鮮は世界一の巨大な劇場である。
舞台は平壌にあり、楽屋は北京にある。

列車

北朝鮮との国境に位置する中国の町・丹東《たんとう》。ここでは方位磁石を持たずとも、方角がわかるという。

荷物を満載した貨車が走っていく方向が東で、カラの貨車が走っていく方向が西である。

ライオンとウサギ

金正恩が訪中し、習近平と会談した。

会談後、習近平は金正恩を動物園に連れていった。習近平は一つの檻の前で、こう話し始めた。

「見てください。私があなたに見せたかったのは、この檻なのです。この檻の中には、一頭のライオンと一羽のウサギが一緒に入っています」

習近平が続けた。

「つまり、私たちもこれに見習おうというわけです。大国も小国も共存することができる。そうではありませんか？」

金正恩は、

「なるほど」

とうなずいてから、こう聞いた。

「しかし、本当にこのライオンはウサギを食べないのですか？」

すると、習近平が笑って答えた。

「それは大丈夫。毎朝、新しいウサギを入れていますから」

神

金正恩が訪中し、習近平に言った。

「私が全力を尽くして祖国を護《まも》ることは、神から与えられた使命です」

それを聞いた習近平が、首をかしげながら口を開いた。

「おかしいな。私はそんな使命を与えた覚《おぼ》えはないが」

TRUMP vs. KIM JONG-UN

第二戦
トランプ政権の誕生

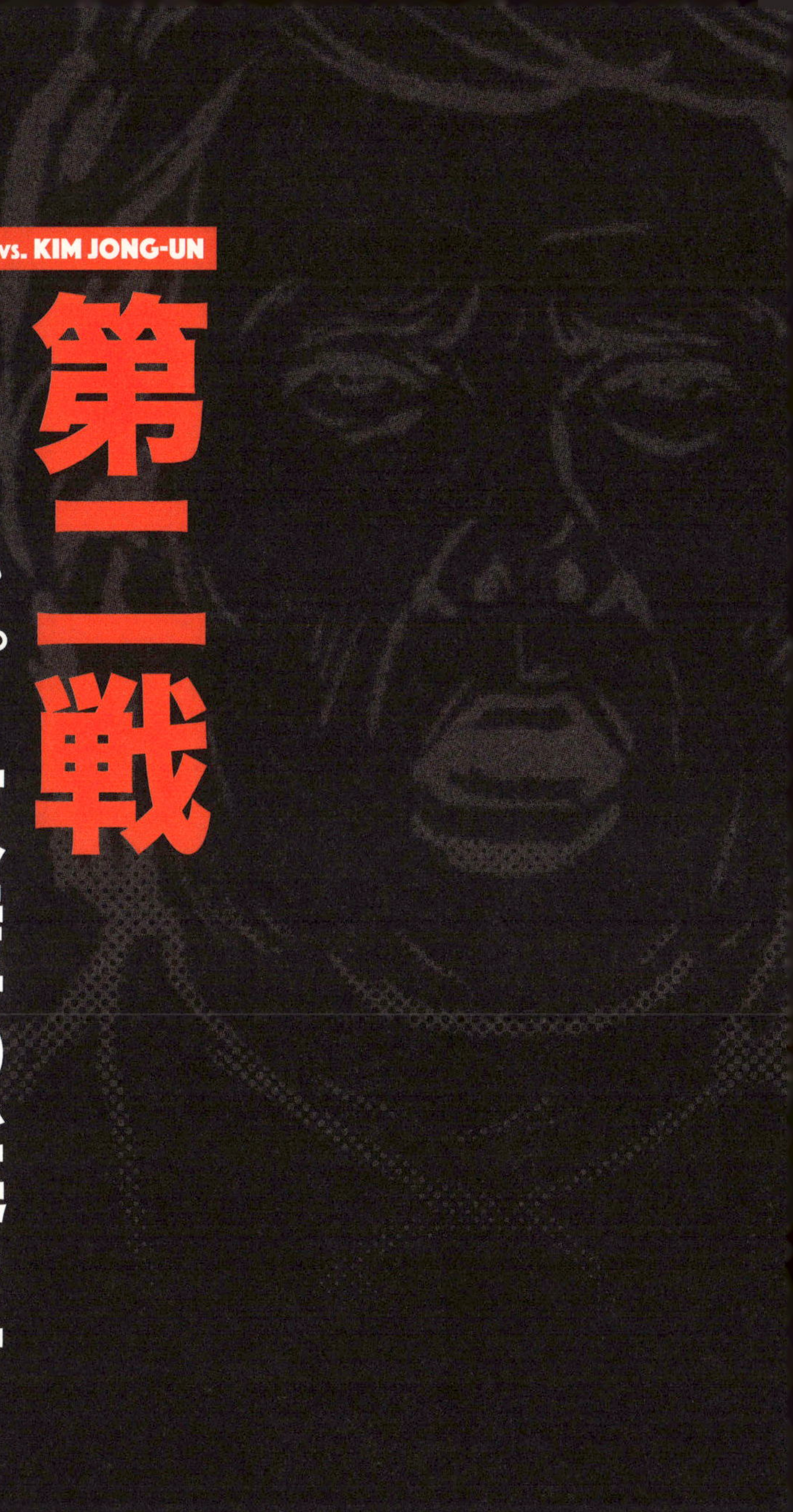

TRUMP vs. KIM JONG-UN

トランプ大統領

草

トランプがドライブしていると、一人のメキシコ人が道端で草を食べているのを発見した。トランプが聞いた。

「どうして草なんか食べているんだ?」

メキシコ人は、か細い声で答えた。

「仕事がなくて、もう何日も食事をとっていません。それで、仕方なく草を食べているのです」

それを聞いたトランプは、こう言った。

「では我が家に来なさい。さあ、クルマに乗って」

「しかし、私には妻と二人の息子もおりまして」

「構わない。みんな呼んできなさい」

トランプはその男の家族全員をクルマに乗せた。男はトランプに何度も礼を言った。

「本当にありがとうございます。何と感謝の言葉を述べればよいか」

トランプは言った。

「なに、気にすることはない。我が家の庭も、だいぶ草が伸びているものだから」

トランプという男

第四五代アメリカ合衆国大統領であるドナルド・トランプは、一九四六年六月一四日生まれ。

父親のフレッド・トランプはドイツ系アメリカ人で、著名な不動産開発業者であった。母親のメアリー・アンは、スコットランドからアメリカに渡ってきた出自《しゅつじ》を持つ。

そんな両親の第四子としてニューヨークで生まれ育ったトランプは、ペンシルベニア大学のウォートン・スクールに進学。全米で最初に設立されたビジネススクールである同校は、ビジネス教育の分野において「世界一」とも称される教育機関である。

トランプは同校在学中より、父親の経営する不動産会社で仕事を手伝うようになった。

父から経営を譲り受けてからは、ホテルやカジノ、ゴルフコースなど、様々な分野に積極的に進出。一九九〇年代には経営危機に陥《おちい》った時期もあったが、持ち前の剛腕で切り抜けた。

その後、テレビ番組への出演によって知名度をあげた。とりわけ人気を集めたのが「アプレンティス」というタイトルのリアリティ番組。トランプは同番組のホスト役を務めたが、その内容は「番組に応募してきた参加者が、ホスト役の会社の見習いとして働き、本採用を目指す」というもの。同番組におけるトランプの、

「おまえはクビだ！（You're fired!）」

というフレーズは、流行語にもなった。

テスト

トランプが小学生時代の話。父親のフレッド・トランプが言った。

「おい、我が息子よ。どうしておまえは、いつもテストでそんな点数しか取れないんだ？　しっかり勉強しているのか？」

トランプ少年が答えた。

「勉強は好きじゃないんだ」

それを聞いた父は言った。

「では、こうしよう。次のテストで一〇〇点を取ったら、一〇〇ドルやろう。どうだ？　少しはやる気になったか？」

トランプ少年は、嬉しそうな顔をして答えた。

「うん。僕、やるよ」

翌日、トランプ少年は学校の職員室へ行き、先生にこう言った。

「先生、五〇ドルの儲け話があるんだけど？」

ロバ

ニューヨークの酒場で、男が友人と飲んでいた。男が言った。

「トランプなんて野郎は、ただのロバだ！」

すると、友人が言った。

「おいおい、随分と言ってくれるじゃないか。ケンカを売っているのか？」

男は驚いて答えた。

「これはすまない。君がトランプ支持者だとは知らなかったものだから」

友人は首を横に振りながら言った。

「そうじゃない。俺はロバが好きなんだ」

二階建てバス

トランプがイギリスを訪問した。トランプはメイ首相の案内で、ロンドン名物の二階建てバスに乗った。トランプが言った。

「せっかくだから、二階に上がって景色でも見てくるとしよう」

「どうぞ、どうぞ。私は一階で待っています」

しばらくすると、トランプが血相を変えて一階に戻ってきた。トランプがメイに怒鳴った。

「どうなっているんだ！　二階は危険だぞ！」

「どうしたんですか？」

トランプが言った。

「二階には運転手がいないんだ！」

テスト

トランプがとあるパーティで、著名な心理学者と出会った。トランプは学者に聞いた。

「相手が論理的な思考能力を持った人物かどうかを調べるには、どのような手法を用いたらいいだろう？」

学者は答えた。

「簡単な方法がありますよ。例えばこういう問題を出すのです。『マゼランは大航海に三度出ているが、そのいずれかで命を落としている。それは何回目の時でしょうか』。こんな問題を出すわけです」

トランプは豪快に笑いながら言った。

「なるほど、なるほど」

トランプが続けた。

「しかし、私は歴史にはあまり詳しくなくてね。別の例題をあげてくれないかな？」

変更

ペンス副大統領がトランプに言った。

「大統領、私の友人たちはあなたの政策を必ずしも評価しておりません。ぜひ、政策を変えてください」

トランプが答えた。

「おまえが友人を変えろ」

トランプの私生活

トランプの私生活は、その多くが謎に包まれている。「異端の大統領」は、いったいどのような生活を送っているのだろうか。

自宅があるのはフロリダ。庭には広いプールがあるが、彼自身はほとんど入らないという話。泳ぐのが嫌いなのだとか。

睡眠時間は短く、平均で約四時間とのこと。ちなみに「本はあまり読まない」らしい。

愛車はベントレー。白と黒のベントレーを毎年、交互に乗り換えると言われている。趣味はゴルフである。我が国の安倍晋三首相ともすっかり「ゴルフ友達」だが、その恵まれた体格を活かしたドライバーの飛距離にはなかなか定評がある。トランプの身長は一八八センチメートル。これは横綱・稀勢《きせ》の里《さと》と同じ背丈ということになる。

トランプは健啖家《けんたんか》としても有名だが、好物はよく焼いたステーキ。ケチャップを豪快にかけるのが「トランプ流」なのだとか。

その他、ハンバーガーやフライドチキンといったファストフードにも目がないという。マクドナルドに行った際には、

「ビッグマック二個、フィレオフィッシュ二個、チョコレートのミルクシェイクを注文するのが常だった」

という証言も漏《も》れ伝わる。しかも、

「ハンバーガーのパンは残した」

というから、やはりかなりの変人だ。

また、「(トランプは) 一日に一二本ものダイエットコーラを飲んでいる」と報じたのは「ニューヨーク・タイムズ」。相当な偏食家であることは、間違いなさそうだ。

ダイエット

トランプがダイエットをしようと専門のクリニックを訪ねた。

「一〇キロほど体重を落としたいのだが」

「それなら一日に一〇キロメートル走ってください。それを三〇日間続ければ、一〇キロ痩《や》せますよ」

「なるほど。やってみよう」

それから三〇日後、クリニックにトランプから電話がかかってきた。医者が聞いた。

「いかがですか？　大統領？」

「うむ。先生に言われた通りすべてやったよ」

「それで体重は？」

「希望通り一〇キロ痩せることができた」

「それはよかったですね」

「しかし、だな。新たな問題が発生して……」

「どうされましたか？」

トランプは言った。

「家から三〇〇キロメートルも離れてしまったが、どうやって帰ればいいのだろう？」

選挙戦

チップ

ヒラリー陣営「タクシーに乗った時は、ドライバーにたっぷりとチップをはずむんだ。そして、こう言う。『次の選挙では頼むよ。民主党だ』」

トランプ陣営「タクシーに乗った時は、ドライバーに一銭たりともチップを出さない。そして、こう言う。『次の選挙では頼むよ。民主党だ』」

ヒラリーとの舌戦

トランプが大統領選挙への出馬を表明したのは二〇一五年六月。以降、世界中から大きな注目を集める「時の人」となった。

大きな論点の一つとなったのが、メキシコ系やヒスパニック系の不法移民に対する発言や態度。

「メキシコとの国境に壁をつくる」

といった過激な発言は、日本でも議論を呼んだ。アメリカのメディアは一斉に「トランプ叩き」を始めた。

長い選挙戦を通じて、トランプ陣営は対立候補であるヒラリー・クリントンへの攻撃の手を緩めなかった。大統領候補者討論会の場で、トランプはヒラリーのことをこう称した。

「Such a nasty woman.」

「nasty」はかなり強い表現の単語。

「口に入れるのも嫌なほどまずい料理」

などを表す時に使う言葉である。普通は女性には使わない。

また、とあるイベントの席では、こんな冗談を飛ばした。

「この場で誓います。選挙の結果をちゃんと受け止めます……。僕が勝てばね」

選挙予想ではトランプ陣営の苦戦を伝えるものが大多数であったが、結果は知っての通りである。

ヤジ

選挙演説中、トランプに対して厳しいヤジが飛んだ。それを聞いたトランプが、大声で怒鳴った。

「おい、係員！　この会場に入り込んだバカで品のない奴を追い出してくれないか！」

すると、係員はトランプを連れていってしまった。

ヒラリーの行方

激しい選挙戦の末、トランプはヒラリーを下した。

その後、ホワイトハウスに一通の手紙が届いた。それは朴槿恵《パククネ》大統領のスキャンダルに苦しむ韓国政府からであった。その手紙には、こう書かれていた。

「もしヒラリーが要《い》らないのなら、ぜひ我が国に」

イギリス人の安堵

問い・EUからの離脱交渉という道を選んだイギリス国民。しかし、彼らは自分たちの決定が本当に正しかったのかどうか、深く思い悩んでいた。そんな時、海の向こうから、アメリカ大統領選での「トランプ勝利」という一報が飛び込んできた。イギリス国民は、これを心から喜んだ。なぜか？

答え・彼らはこう思ったのである。「俺たちよりもバカな国民がいた！」

引っ越し

問い・なぜ、メラニア夫人はファーストレディになりたくないのか？

答え・ホワイトハウスという今までよりも狭い場所に引っ越さないといけなくなるから。

ファーストレディ

トランプはこれまでに三度、結婚しているが、現在の妻がメラニア夫人である。年の差は二四歳。

一九七〇年生まれのメラニアは、旧ユーゴスラビアのスロベニアの出身である。父親はスロベニア共産主義者同盟の党員であったという。

リュブリャナ大学を中退したメラニアは、モデルとして活躍。しかし、ユーゴ内戦の影響で、スロベニアからアメリカに渡った。つまり「移民」である。二〇〇一年に永住権（グリーンカード）を取得した。

二〇〇五年、トランプと結婚。

大統領選挙中には、若かりし頃のヌード写真が暴露されたこともある。その後、晴れて「大統領候補夫人」から「ファーストレディ」となった。アメリカ史において、外国出身としては二人目となるファーストレディの誕生であった。これもトランプ政権の意外な一面と言えよう。

しかし、当人は「本当はあまりファーストレディになりたくなかった」「選挙で勝つとは思っていなかった」という噂も。先に紹介したジョークも、まんざら冗談とは言い切れないのかもしれない。

そんな彼女だが、普段からあまり表情を崩さないため、「笑顔が少ないファーストレディ」「クールすぎる」との評判もある。

二〇一七年一〇月には、そんなメラニアが血相を変えた事件が勃発した。トランプの先妻であるイヴァナが「ファーストレディ」を自称したことに対し、メラニアが、「注目されたいだけ」「自分勝手」と激昂《げきこう》したのである。

日本では考えにくい構図の喧嘩が起こるのが、アメリカという国である。

真の勝者

トランプの勝利に終わった選挙戦。しかし、真の勝者はメラニア夫人であろう。なぜなら、彼女はこれまでの「サードレディ（三人目の夫人）」からファーストレディになったのだから。

ハムレット

トランプの娘であるイヴァンカが言った。

「ねえ、お父さん、ハムレットって誰？」

トランプが驚いた様子で答えた。

「おまえはそんなことも知らないのか？　情けないやつだ。本当に情けない」

トランプが続けた。

「聖書くらいちゃんと読んでおきなさい」

バーにて

トランプがバーへ行き、カウンター席に座った。一人の客がバーテンダーに向かってこう言った。

「ジョニー・ウォーカー、シングル」

続いて、別の客がこう言った。

「ジャック・ダニエル、シングル」

バーテンダーがトランプに向かって聞いた。

「お客様は?」

トランプがニヤリと笑ってから言った。

「ドナルド・トランプ、既婚」

救出

ある時、トランプが川に落ちて溺れかけた。それを見た一人の青年が勇敢にも川に飛び込み、トランプを助け出した。トランプが言った。

「ありがとう、青年。褒美《ほうび》に君の望みを何でも叶《かな》えてやろう。クルマか？　豪邸か？　それとも勲章か？」

青年は答えた。

「はい。それでは、一つだけお願いしたいことがあります」

「何だね？」

青年は言った。

「私があなたを助けたということは、内緒にしておいてください」

癌

問い・トランプと癌《がん》の違いは?
答え・癌は取り去ることができるけれども……。

気持ちのいい一日

気持ちよく一日を始める方法。
手順1　コンピューターで新しいファイルを開く。
手順2　ファイル名を「ドナルド・トランプ」として保存する。

手順3　そのファイルをゴミ箱へ捨てる。
手順4　ゴミ箱を空にする。
手順5　コンピューターが「ドナルド・トランプを破棄しますか?」と聞いてくる。
手順6　心を込めて「はい」をクリックする。
気分は最高でしょう?

サイン

一人の女の子が、トランプのもとに駆け寄ってきて言った。

「大統領、サインを五枚してください」

トランプが笑顔で答えた。

「嬉しいじゃないか。五枚もほしいとはね」

女の子が言った。

「ええ。だって仲の良いお友達が、あなたのサイン五枚とオバマのサイン一枚を交換してくれるって言うものだから」

反トランプデモの暴走

選挙の結果が出ても、アメリカは一向に落ち着かなかった。

それどころか、反トランプ派が全米各地で大規模なデモを敢行。中には暴力的なデモまで発生し、カリフォルニア州ポートランド市では暴動にまで発展した。その後、デモはアメリカだけでなく、ヨーロッパや中南米など世界各地に拡散していった。

そのようなデモでは、

「Not my president!（私の大統領ではない！）」

「Dump Trump」

といったプラカードが掲げられた。「Dump」は「捨てる」「放り出す」といった意味。「Trump」と韻《いん》を踏んでいる。

ニューヨークでは「（トランプを連想させる）スーツに赤いネクタイ姿の主人公がナイフで刺殺される」というシーンをもうけた演劇の妥当性が問題となった。

また、二〇一七年六月二二日、俳優のジョニー・デップは、イギリスで行われていた音楽祭の場で、

「俳優が大統領を最後に暗殺したのはいつだっけ？」

と発言。これは一八六五年にリンカーン大統領が俳優のジョン・ブースに暗殺され

たことを意識した発言であった。
このような冗談はさすがに評判が悪く、結局、ジョニー・デップは翌日になって謝罪することとなった。

切手

問い・トランプ大統領の肖像を描いた切手が、封筒に付かないと苦情が殺到。なぜか？

答え・肖像の方にツバを付けてしまうから。

症状

ある日、トランプが病院を訪ねて医者に相談した。
「どうも体調が悪くてね。首が締め付けられるように痛むし、顔はむくむし、息苦しさも感じるんだ」

医者が言った。

「それは肺が悪いのだと思います。すぐに肺を摘出しましょう」

トランプは肺の摘出手術を受けたが、それでも症状は一向に改善されなかった。

トランプは別の病院を訪ねた。医者が言った。

「これは肝臓に問題があるのだと思います。すぐに肝臓を摘出しましょう」

トランプは肝臓の摘出手術を受けたが、それでも症状は一向に改善されなかった。

トランプはまた別の病院を訪ねた。医者が言った。

「原因は腎臓ですね。すぐに腎臓を摘出しましょう。しかし、もう手遅れかもしれません。最悪の事態を覚悟しておいてください」

「そ、そんなバカな」

トランプは腎臓の摘出手術を受けたが、やはり症状は一向に改善されなかった。

それからというもの、トランプは残りの人生を思いっきり謳歌《おうか》することにした。自分の好きなクルマを乗り回し、好きなものをたらふく食べ、世界中を旅行した。

ある日、パリに赴いた彼は、新しいシャツをオーダーすることにした。パリ随一の高級店で、店員が寸法を測り始めた。

「ウエストは一〇〇、首まわりは四三、それから……」

それを聞いたトランプが言った。

「ちょっと待て。首まわりが四三？　それはおかしいな。首回りは四一のはずだが。今までずっとそうだったぞ？」

店員は何度も測り直してから言った。

「いえ、やはり四三ですね」

店員が続けた。

「首回りが四一のシャツでは、首が締め付けられるように痛むし、顔はむくむし、息苦しさも感じるはずですよ」

値段

シャワーを浴びたばかりのトランプが、パンツ一枚の姿でリビングに出てきて、お

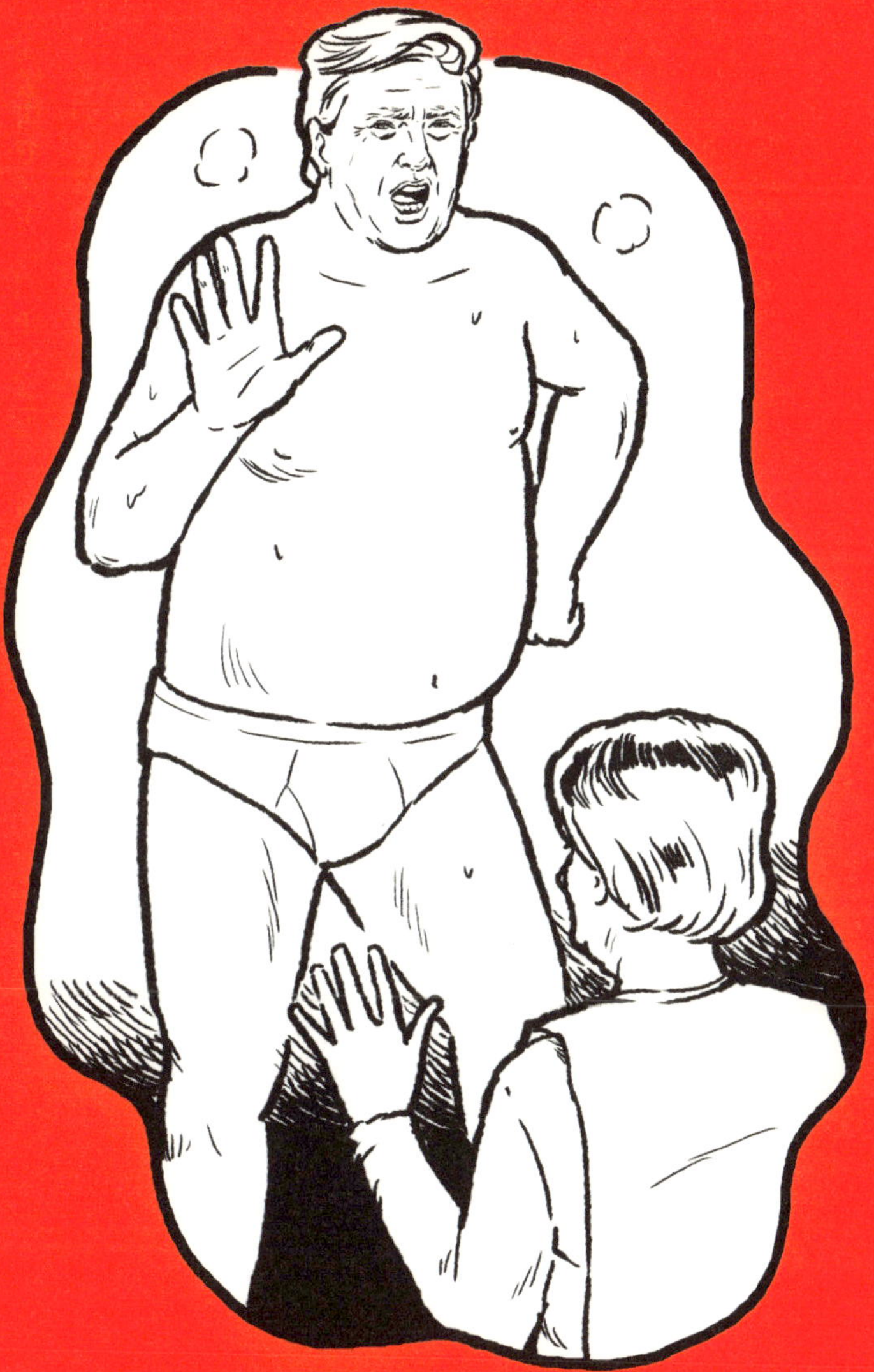

手伝いの女性に聞いた。

「今の私は、いくらくらいの価値があると思う?」

お手伝いはしばらく考えてから答えた。

「そうですね。五ドルくらいでしょうかね」

それを聞いたトランプは、怒って言った。

「何を言っているんだ? このパンツだけでも五ドルくらいするぞ!」

お手伝いは答えた。

「ええ。それ込みで計算したんですが」

彼はナニもの?

問い・トランプがバイアグラを飲むとどうなる?

答え・背が伸びる。

大統領の条件

メキシコ人の男の子が、トランプに聞いた。

「僕もいつか大統領になりたい！」

するとトランプが言った。

「おまえはバカか？　マヌケか？　頭がおかしいのか？」

すると男の子が言った。

「そうだね。やっぱり諦めるよ」

「当たり前だ」

男の子が言った。

「そんなにたくさん条件があるんじゃや、僕には無理だよ」

政治的手腕

スピーチ

トランプが議会で演説した。しかし、演説は長引き、議員たちからの反応は散々だった。

議会終了後、トランプは秘書に怒って言った。

「三〇分のスピーチだと言っただろう？　なのに読んでみたら一時間もかかったじゃないか！」

秘書は困った顔をして答えた。

「すいません。念のためにコピーを付けておいたのですが」

アメリカ第一主義

選挙戦の最中からトランプが繰り返し訴えてきたのが「アメリカ・ファースト（アメリカ第一主義）」。これは元々、共和党右派のパトリック・ブキャナンが一九九二年の大統領選挙の予備選挙で主張していた考え方である。

トランプの主張するアメリカ第一主義は、それまでのアメリカ政権が掲げてきた「グローバリズム」を修正する態度と言える。行き過ぎたグローバリズムは、多くのアメリカ国民に深刻な不満をもたらした。

そんな状況を巧みにとらえたトランプは、選挙後の就任演説の場においてこう語った。

「我々の中間層の富は奪われ、全世界にバラ撒《ま》かれてしまった」

「（これからの）交易、税、移民、対外政策における全決定事項は、アメリカ人労働者とその家族を利するものとなる」

トランプの口にする、

「アメリカを再び偉大に」

「アメリカ製を買い、アメリカ人を雇え」

といったわかりやすく力強いフレーズは、多くの有権者の心をとらえたのであった。

奇跡

ローマ教皇とトランプが、多数の聴衆の前で対談した。ローマ教皇が言った。

「私は自分のこの小さな手一つによって、大きな奇跡を起こすことができます。私は何の道具も用いず、この自らの手だけを使って、ここにいる全員の心を深く感動させ、喜ばせることができるのです。しかも、その喜びとは一瞬のものではなく、残りの人生において何度も思い出しては心が温かくなるようなすばらしい記憶となるのです。大統領、あなたはこのような奇跡を信じることができますか？」

トランプは怪訝《けげん》そうな表情を浮かべながら答えた。

「正直に言って、そんなことができるとは思いません。本当にそれが可能だと言うのなら、ぜひこの場で見せてくれませんか？」

「わかりました。見せましょう」

ローマ教皇は椅子から立ち上がり、トランプのもとにゆっくりと歩み寄った。

そして、トランプの頭をポカリと叩いたのである。

ロシアゲート疑惑

トランプ政権発足後、深刻な問題として浮上したのが「ロシアゲート疑惑」である。ロシアゲート疑惑とは、トランプ政権とロシアの不適切な関係のこと。

一つ目の疑惑は、大統領選におけるロシアの干渉である。ヒラリー陣営に対するロシアの選挙妨害にトランプ陣営が関与、あるいは共謀したかどうかという問題である。トランプの選挙対策本部に属した複数の幹部が、ロシア政府関係者と接触していたとされている。ロシアはヒラリー陣営の大量のEメールをハッキングして不利な情報をばらまいたとされるが、これにトランプ陣営が関わっていたのかどうか。もし関与があったとすれば、陰謀罪などの罪に問われる可能性がある。

二つ目は、対ロ制裁緩和に関する密約である。マイケル・フリン前大統領補佐官が、ロシアと制裁緩和の密約を交わしていたという疑惑である。

三つ目は、FBIに対する捜査妨害。コミー前FBI長官にトランプ政権が捜査中止を求めたという疑いが持たれている。

四つ目は、テロ関連情報の機密漏洩《ろうえい》疑惑。トランプがロシア側にテロ情報を漏《も》らした事実があったか否かが、焦点となっている。

トランプ本人は、

「魔女狩り（witch hunt）」

と疑惑を否定しているが、真相究明への捜査は今も継続中。疑惑は依然として晴れていない。

スクリーン

問い・トランプが使った後のパソコンのスクリーンには何が付いている？

答え・修正液。

国際的な枠組みからの離脱

二〇一七年一月二三日、トランプはTPP（環太平洋パートナーシップ協定）から離脱するための大統領令に署名。大統領令とは、大統領が議会の承認を得ることなく連邦政府や軍に直接発令することができる権限のことである。トランプはこう述べた。「TPPは正式に終わった。とても強力な大統領令に署名をしたところだ。TPPは正しい道ではなかった」

それまでに一二カ国の間で大筋合意していたTPPであったが、アメリカの離脱により、世界経済の約四割を占める巨大貿易圏構想は根本から見直しを迫られる事態となった（ただし、二〇一八年一月、トランプはTPPに関して復帰を検討する意向を表明。その真意はいまだ不明である）。

さらにトランプ政権は、地球温暖化対策の推進を目指した国際的な枠組みであるパリ協定からの離脱を決定。トランプは以前から、

「地球温暖化はでっちあげ」

として温暖化問題の存在そのものを否定し、パリ協定からの離脱を選挙戦での公約の一つとしていた。

トランプ政権の「独自路線」はその後も続く。一〇月には国連教育科学文化機関（ユネスコ）を脱退すると発表。アメリカ政府は、

「ユネスコは反イスラエルで偏向している」

と主張した。同日、アメリカと同じく脱退を表明したイスラエルのベンヤミン・ネタニヤフ首相は、トランプ政権の決定を、

「勇敢で道徳的だ」

と称賛。しかし、国際的な理解が得られたとは言いがたい状況である。ユネスコのイリーナ・ボコバ事務局長はアメリカの発表を受けて、

「国連ファミリーと世界全体の多極主義にとって喪失だ」

とコメントした。

「すべての国がアメリカをもっと尊敬するようになる」

とは選挙戦中からトランプが口にしていた言葉だが、現実はそうなっていない。

定義

トランプが小学校を訪問した。教壇に立ったトランプは、生徒たちにこんな質問をした。

「この世界は多くの悲劇で溢れている。誰か悲劇の実例を挙げてみてくれるかな？」

すると、一人の男の子が答えた。

「僕の大切な友達がクルマに轢《ひ》かれて死んでしまったら、それが悲劇だと思います」

それを聞いたトランプは、こう言った。

「それは悲劇というよりも『不幸な事故』と言うべきだろうね」

次に女の子が答えた。

「お父さんが急病で亡くなったら、それが悲劇だと思います」

それを聞いたトランプは、こう言った。

「それは悲劇というよりも『大きな損失』と言うべきだろうね」

子供たちはみんな黙ってしまった。トランプが言った。

「どうした？　誰も悲劇の例を挙げることができないのかね？」

するとす、教室の一番後ろに座っていたジョニーが言った。

「トランプ大統領の乗った飛行機がテロに遭《あ》ったら、それが悲劇だと思います」

「すばらしい答えだ！　その通り！」

トランプは笑いながら、そう叫んだ。トランプが聞いた。

「凄《すご》いな、君は！　どうやってそんなに立派な答えを思いついたんだい？」

ジョニーが言った。

「だって、これなら『不幸な事故』でもないし『大きな損失』でもないと思って」

メディアとの対立

トランプが頻繁に使う言葉の一つが「フェイクニュース」。メディアとのあからさまな対決姿勢は、これまでの歴代大統領と比べても異色である。

トランプいわく、ワシントン・ポスト紙は「国民の敵」。ニューヨーク・タイムズ紙には「「failing（つぶれかかった）」という「枕ことば」がたいてい冠される。

テレビ局では、ケーブルテレビの代表格であるCNNが「ごみジャーナリズム」と批判の対象に。その他、「共和党寄り」とされるFOXニュース以外の主要テレビ局は、軒並み敵視されている。

ただし、アメリカの主流メディアが、選挙期間中から「反トランプ一色」だったのも事実。そんなメディアの偏向に不満を持つアメリカ国民は少なくない。

選挙の結果を見れば、メディアと国民の間に大きな乖離《かいり》があることは明らかである。

動物園

動物園を歩いていた親子。男の子が父親に言った。

「あのゴリラ、トランプ大統領にそっくりだね」

父親が答えた。

「こら。そんなことを言うもんじゃないぞ」

すると、男の子が言った。

「大丈夫だよ。ゴリラは言葉がわからないもの」

プロレス動画を投稿

二〇一七年七月二日、トランプは「CNNのロゴが頭部に重ねられた人物を床に叩き付けてボコボコに殴《なぐ》る」というプロレス会場での映像をツイッターに投稿。この約三〇秒の動画は、かつてトランプがプロレス団体の代表であるビンス・マクマホン氏とイベントの演出として「対戦」した際の映像を加工したものであった。

このような投稿に対し、CNNは、

「アメリカ大統領が記者に対する暴力を奨励した悲しい日」

との声明を発表。

「我々は仕事を続ける。大統領も自分の仕事を始めるべきだ」

と主張した。

一方、ボサート米大統領補佐官は、

「大統領にはメディアに反論する権利がある」

と擁護。

結局、両者の対立はいっそう深まったのである。

もはや「場外乱闘」というわけか。

寄付

ニューヨークの街を一人の青年がクルマで走っていた。クルマが信号待ちをしている際、一人の見知らぬ男が近付いてきた。その男はクルマの窓をコツコツと叩いた。

青年は窓を開けて聞いた。

「どうかしましたか？」

男は言った。

「ニュースを見ていないのかい？　トランプ大統領がテロリストに誘拐されたんだ。テロリストは一〇〇万ドル払わないと、大統領にガソリンをかけて火をつけると言っている。だから、こうしてクルマを回って寄付を集めているのさ」

青年は驚いて聞いた。

「じゃあ、どれくらい出せばいいのかな？」

男は答えた。

「そうだな、それは自由だけれど、だいたい一リットルから五リットルくらいで充分だよ」

政権基盤

世界中から批判の集まるトランプ政権。しかし、経済面では、株高や雇用の回復といったポジティブな結果も出している。

それでも、政権基盤は盤石《ばんじゃく》とは言いがたい。支持率はおおむね三〇%台後半と、歴史的な低水準が続いている。

二〇一七年八月には、スティーブン・バノン首席戦略官兼上級顧問が辞任。選挙期間中は選挙対策本部長を務め、

「トランプ大統領の生みの親」

「陰の大統領」

とまで言われたバノン氏だったが、政権発足後はホワイトハウス内で孤立。トランプとも次第に溝が生まれていったという。バノンは北朝鮮問題に関し、

「軍事的解決策はない」

「ソウルで一〇〇〇万人が死亡するという問題を解決できない限り、軍事オプションは意味を持たない」

などと語っていたが、このような発言がトランプの逆鱗《げきりん》に触れたとも言われている。

その後も、政権内では政府高官の離職が続出。二〇一七年一二月二九日付「ウォール・ストリート・ジャーナル」によると、トランプ政権の高官六一人のうち、実に二一人がすでに辞職や転任、更迭《こうてつ》になったという。離職率は三四%に達する。

まさに「辞任ドミノ」である。

喜び

トランプがセスナ機に乗り、ニューヨークの街並みを上空から視察していた。同乗していた側近に、トランプが言った。

「私がここから札束を落とせば、国民はさぞかし喜ぶだろうな」

それを聞いたパイロットが、小さな声でつぶやいた。

「おまえがここから落っこちれば、国民はもっと喜ぶのだがな」

犯人

寒い冬のある朝、ホワイトハウスの庭は一面の雪に覆《おお》われていた。

トランプは窓を開けて美しい庭を眺めた。しかし、彼の表情は一瞬にして曇った。

なぜなら、雪の上に「おしっこ」で、

「くたばれ大統領！」

と書かれていたのである。トランプは激怒し、すぐにCIAを呼んで調査させることにした。

翌日、捜査官からトランプに連絡が入った。

「報告します。DNA鑑定の結果、おしっこはティラーソン国務長官のものだと判明しました」

「すぐにティラーソンを呼べ！」

「はい！　それから筆跡鑑定の結果、書いたのはメラニア夫人であることも判明しました」

「バカ呼ばわり」騒動

トランプ政権発足時に国務長官を務めたのが、レックス・ティラーソン。エクソンモービルの前会長兼CEOであり、ロシアとのパイプも太いとされるティラーソンだが、人事や北朝鮮問題などでトランプとの意見の齟齬《そご》が次第に顕在化《けんざいか》した。

二〇一七年一〇月、そんなティラーソンがトランプのことを、

「バカ呼ばわり」

したとの報道が流れた。これに対してトランプは、

「事実なら知能指数（IQ）で勝負し、頭がいいのはどちらか白黒をつけようか」

とコメント。そして、

「誰が勝つかはわかっている」

と自信を示したのであった。

日本でも、小学校などでよく見かける光景である。

結局、ティラーソンは二〇一八年三月一三日に国務長官の職を解任された。

トランプが側近たちに求めるのは「絶対的な忠誠心」。どうも、どこかの独裁者と似ているようにも映る。

オペラ

トランプが側近たちに言った。

「今度の日曜日には、みんなで『フィガロの結婚』に行こう」

迎えた当日、側近たちは全員、黒のスーツに真新しいシャツ、そしてネクタイという姿で現われた。しかも、妻や子供を連れ、手には花束やプレゼントを持っている。

それを見たトランプは、深いため息をついて言った。

「なんて情けない連中だ。いいか？　『フィガロの結婚』というのはオペラの名前だ。

みんなで劇場に行こうと私は言ったんだ。教養がないというのは、本当に恥ずかしいことだ」

それを聞いた側近の一人が言った。

「そうでしたか。これは大変失礼しました。しかし、許してください。大統領も以前『白鳥の湖』にお誘いしたら、釣り竿を持ってきたじゃないですか」

TRUMP vs. KIM JONG-UN

移民政策

無人のプール

問い・なぜ、メキシコのプールには泳いでいる人がいないのか？
答え・泳げる人間はみんなリオ・グランデ川を渡り、アメリカに行ってしまったから。

不法移民の問題

もとより、「移民国家」であるアメリカ。近年においても毎年、約七〇万人もの移民を受け入れている。

しかし、正式な手続きを経ていない不法移民に関する対策は、多くの国民が強く求

めるところであった。特に国境を接した陸続きの隣国であるメキシコからの不法移民は、

「アメリカ人の職を奪う」

として、厳しい批判の対象となっていた。

このような時代の中で生まれたのが、トランプ政権ということになる。

二〇一七年九月には、オバマ前政権が打ち出していた政策「DACA」の撤回を発表。DACAとは、一五歳以下で入国した不法移民の強制送還を免除する政策である。幼少期に親と不法入国した者たちは「ドリーマー」と呼ばれるが、彼らの数は全米で八〇万人にものぼるとされる。彼ら自身は自らの意思で不法移民になったわけではないことからその扱いが難しく、アメリカでは長年にわたって深刻な社会問題となっていた。

トランプ政権はDACAの撤回と共に、六カ月間の猶予期間を設定。議会に対して、対象者救済のための法律を可決するよう促《うなが》した。

アメリカの世論を大きく二分する困難な問題は、今も議論が続いている。

月と不法移民

演説中のトランプが言った。

「月面に一〇人の不法移民がいる状態を何と呼ぶ？　それは『解決すべき問題』だ」

トランプは続けた。

「では、月面に一〇〇人の不法移民がいる状態を何と呼ぶ？　これも『解決すべき問題』だ」

さらに、トランプは続けた。

「では、月面に一万人の不法移民がいる状態を何と呼ぶ？　やっぱりこれも『解決すべき問題』だ」

最後に、トランプはこう言った。

「それでは、すべての不法移民が月面にいる状態を何と呼ぶ？」

トランプはニヤリと笑ってからこう続けた。

「それは『問題解決』だ」

E.T.

問い・トランプはなぜ、不法移民よりもE.T.の方が好きなのか？

答え・E.T.は最終的には故郷に帰るから。

費用

トランプが建造するというメキシコ国境との壁には、実に約二一六億ドルもの莫大な費用がかかるという。

ちなみに、NASAの予算はおよそ一九〇億ドル。

メキシコには、よほど多くの異星人がいるのであろう。

人種差別的発言

二〇一八年一月一一日、トランプはDACAに関する協議の場で、アフリカ諸国やハイチのことを指して、

「どうして便所（shithole）のように汚い国の連中を来させ続けているのか」

と発言。

「アフリカなどではなく、ノルウェーのような先進国から移民を受け入れるべきだ」

と主張したという。

「shithole」は極めて汚い表現。一応「便所」と訳したが、「肥《こえ》だめ」といったニュアンスが強く、アメリカではテレビなどでも使用が控えられる単語である。子供が口にすれば、親に激しく怒られることになる。

しかも、トランプは過去にもハイチからの入国者に対し、

「皆、エイズにかかっている」

と発言した前歴がある。

この「shithole」発言に対し、国際社会は一斉に反発。アフリカ連合（AU）は、

「最も強い言葉で非難する」

との声明を出した。

さらに、国連に加盟するアフリカの全五四カ国の大使が、トランプに謝罪を求める共同声明を発表。また、ハイチの新聞は、

「発言は人種差別的で恥ずべきだ」

と報じた。国連人権高等弁務官事務所（OHCHR）の報道官は、
「発言が事実なら衝撃的で恥ずべきこと。残念ながら、人種差別主義者以外の何もの
でもない」
と批判した。

カナダ人の願い

問い・アメリカとメキシコの国境に巨大な壁を建設するというトランプ。それについて、カナダ人が言いたいこととは？

答え・もし、そんなことが本当に許されるというのであれば、我々も同じものを望む。

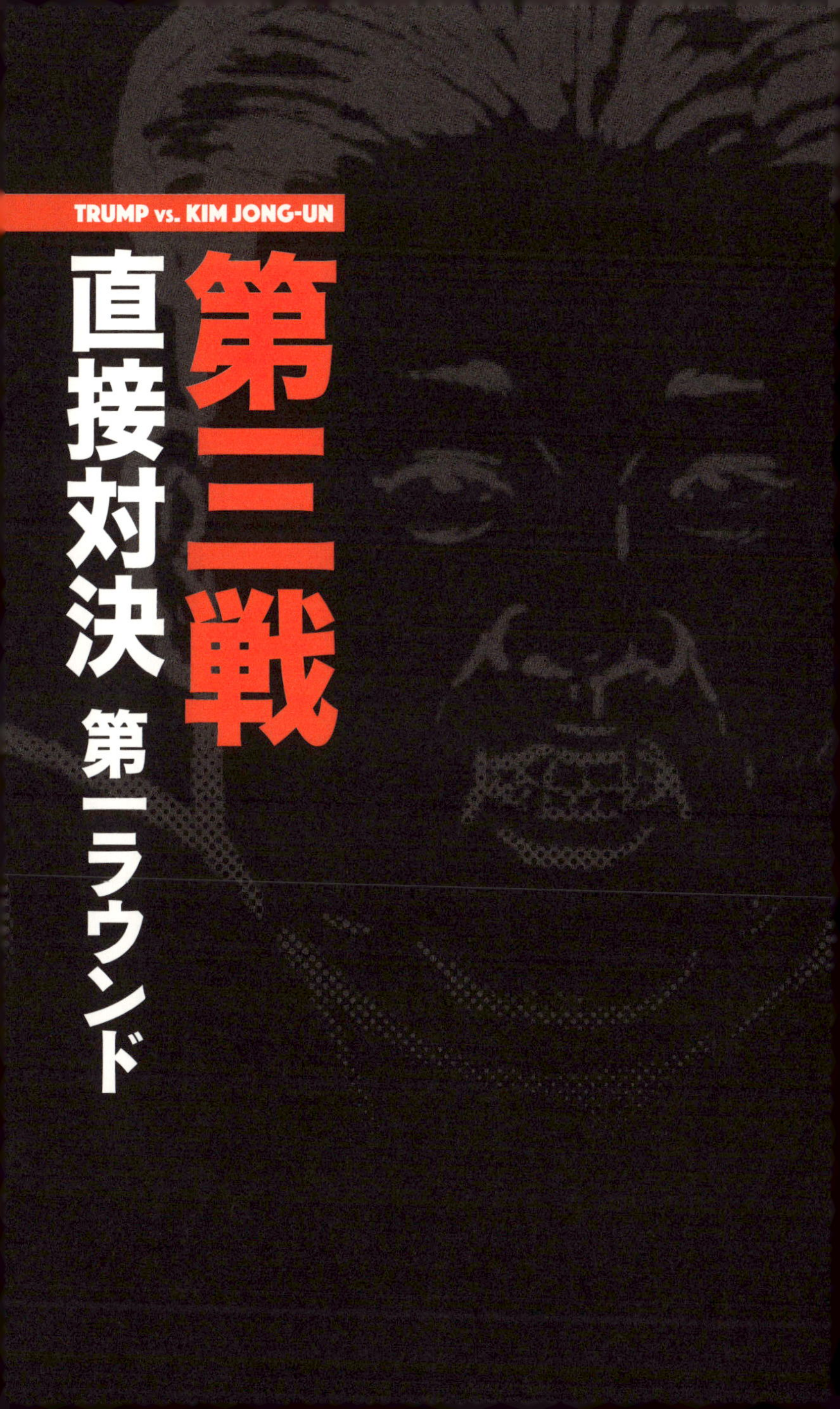

TRUMP vs. KIM JONG-UN

第二戦

直接対決 第一ラウンド

衝突する両国

TRUMP vs. KIM JONG-UN

違い

問い・アメリカの民主主義と、北朝鮮の民主主義の違いとは？

答え・ブレスレットと手錠の違いである。

ポスター

問い・とある平壌《ピョンヤン》の工場に「我々はトランプのためではなく金正恩《キムジョンウン》のために働きた

い」と書かれたポスターが貼り出されていた。しかし、これが大問題となり、剥《は》がされてしまった。なぜか？

答え・そこは棺桶を製造する工場だったのである。

北朝鮮の宿願

北朝鮮にとって「核保有国になること」は長年の宿願であった。

朝鮮戦争が休戦となったのは一九五三年七月だが、その四カ月前にあたる同年四月、北朝鮮はソ連との間に「原子力の平和的利用協定」を締結。この時、当時の指導者であった金日成《キムイルソン》は、核開発をすでに決意していた。

金日成が下した決断の契機となったのは、朝鮮戦争中にダグラス・マッカーサー連合国軍総司令官が、

「北朝鮮への核使用」

を提言したことであったと言われる。この事態に深刻な危機感を募らせた金日成は、

「アメリカと対峙《たいじ》するには核保有が必要」

との結論を導き出し、ソ連に技術支援を求めたのであった。

一九六二年には寧辺《ニョンビョン》に原子力研究所が発足。翌年にはソ連からの支援により、同研究所内に小型研究用原子炉が導入され、核開発への動きが本格的にスタートした。

すなわち、北朝鮮の核開発は、ソ連の支援によって始まったのである。

ただし、当時の北朝鮮は、中国にも技術支援を要請していたとされる。しかし、中ソの対立という時代背景の中で、中国側はこれを拒否。ソ連としても、北朝鮮と中国との接近を避けたいという思惑もあり、一定の技術支援が続けられたのであった。

社会主義とは？

朝鮮労働党の党員が、集会で演説していた。

「資本主義とは何であるか？　それは『人間による人間の搾取』である！」

党員は大声で続けた。

「それでは、社会主義とは何であろう？」

後方の席に座っていた聴衆の一人がつぶやいた。

「その反対だろう」

三代にわたる悲願

冷戦末期、東欧諸国の体制が相次いで崩壊する中で、ソ連は韓国との国交を正常化。この対応に激怒した北朝鮮は、さらに核兵器の研究を強化していくことになる。

一九九一年、ソ連が崩壊。最大の後ろ盾を失った北朝鮮は以降、核開発を独自に進めていくこととなった。

一九九三年には、NPT（核拡散防止条約）からの脱退を表明。これをもって北朝鮮は、いわゆる「瀬戸際外交」へと完全に舵《かじ》を切った。

その後、金日成の路線は、二代目である息子の金正日《キムジョンイル》に継承された。金正日体制下において、国民が飢餓に見舞われてもなお、核・ミサイル開発計画を強引に推し進めたのは、いまだ記憶に新しいところである。

核保有は「金王朝三代の悲願」だったと言えよう。

悪魔

トランプと、イギリスのメイ首相と、ドイツのメルケル首相が、クルマに同乗して中国国内を移動していた。

そこに一匹の悪魔が現れた。悪魔は三人の乗るクルマを追いかけ始めた。運転手はスピードを上げたが、それでも悪魔は付いてきた。三人は恐怖に襲われた。

まず、トランプが行動を起こした。彼は財布から札束を取り出し、窓から放り投げた。札束を見た悪魔は一瞬、立ち止まったが、やがて再びクルマを追いかけ始めた。

トランプの賭けが失敗に終わったのを見たメイは、アタッシュケースの中から金塊を取り出し、窓から放り投げた。金塊を見た悪魔は一瞬、立ち止まったが、やがて再びクルマを追いかけ始めた。

悪魔はいよいよクルマに接近した。するとメルケルが一枚の紙を取り出し、そこに何か書いて窓から放り投げた。悪魔は紙を拾い、それを読んだ。すると、悪魔は一目散に反対方向へと走り去ってしまった。トランプとメイは、安堵《あんど》の表情を浮かべながらメルケルに聞いた。

「あなたはいったい何と書いたのですか？」

すると、メルケルが言った。

「私はこう書きました。〈注意！　我々はもうすぐ北朝鮮内に入る〉と」

核実験の断行

北朝鮮が最初に核実験を断行したのは、二〇〇六年一〇月九日。その結果、それまで強硬な姿勢を示してきたアメリカのブッシュ政権の態度は軟化。対話に前向きな姿勢を見せるようになった。この時の体験が、北朝鮮に間違った「成功例」として受け止められてしまった可能性は高い。

二度目の核実験は二〇〇九年五月二五日。前年に金正日が病に倒れ、金正恩が後継者として内定した後の出来事であった。

金正恩政権が正式に発足して以降は、さらにペースを加速。国際社会からの反対を無視するかたちで、核実験を継続している。

米シンクタンクの科学国際安全保障研究所（ＩＳＩＳ）は二〇一六年末の時点で、「北朝鮮はすでに一三～三〇発もの核弾頭を保有している」と推測。日本政府も二〇一七年版防衛白書において、「（北朝鮮の核兵器は）小型化・弾頭化の実現に至っている可能性が考えられる」と分析している。

結局、国際社会が示し続けてきた「対話」による解決への道のりは、北朝鮮に「時間稼ぎ」として利用されただけであった。

豚野郎

平壌の街角で、一人の酔っぱらいが大声で叫んだ。

「俺たちはあの豚野郎のせいで、こんなに貧しい暮らしをしている！」

彼はさらに続けた。

「俺たちはあの豚野郎のせいで、こんなに窮屈な生活を強《し》いられている！」

すると二人の警察官がすぐに駆け付け、彼を逮捕した。警察署の尋問室で、警察官たちは彼を問いつめた。

「豚野郎だなんて、随分とひどいことを言いやがったな」

すると、酔っぱらいは言った。

「トランプのことを悪く言って何が悪い？」

警察官たちは、互いに顔を見合わせて絶句した。

その後、男は釈放された。彼は警察署から出ていく時、振り返って警察官たちに言った。

「あなたたちは、誰のことだと思ったんだ？」

猫とカラシ

トランプと安倍首相と金正恩が「どうやって猫にカラシをなめさせるか」で競い合うことになった。

まず、トランプが挑戦した。トランプはカラシをスプーンですくい、それを強引に猫の口の中にねじ込んだ。

この様子を北朝鮮の「労働新聞」はこう報じた。

「力ずくで進めるアメリカの傲慢《ごうまん》な手法」

続いて安倍が挑戦した。安倍はカラシを魚のすり身に混ぜ、それを食べさせた。この様子を「労働新聞」はこう報じた。

「狡猾《こうかつ》な日本の欺瞞《ぎまん》に充《み》ちた手法」

最後に、金正恩が挑戦した。金正恩はカラシを猫の肛門に塗りたくった。すると猫は狂ったように鳴きながら、カラシをなめて取ろうとした。この様子を「労働新聞」はこう報じた。

「金正恩委員長は見事な政治的手腕により、猫の自主的な意思を引き出した。猫は自ら率先してカラシをなめたのである」

太陽への冒険

北朝鮮の議会において、金正恩が言った。

「我が国はこの一〇年の間に、有人ロケットを太陽に着陸させる！」

側近の一人が聞いた。

「しかし、太陽は強烈な熱を持っています。熱くて近付くことさえできないと思いますが」

議会は沈黙に包まれた。すると、金正恩が言った。

「大丈夫だ。私にいい考えがある」

側近が聞いた。

「どのようなお考えですか？」

金正恩が答えた。

「夜に着陸すればいいのだ！」

議会は大きな拍手と歓声に沸いた。

そんな議会の光景は、すぐにアメリカに情報としてもたらされた。話を聞き及んだトランプは、呆《あき》れた様子で側近につぶやいた。

「何てバカな連中なんだ……」

「本当に嫌になりますね」

トランプはうなずきながら言った。

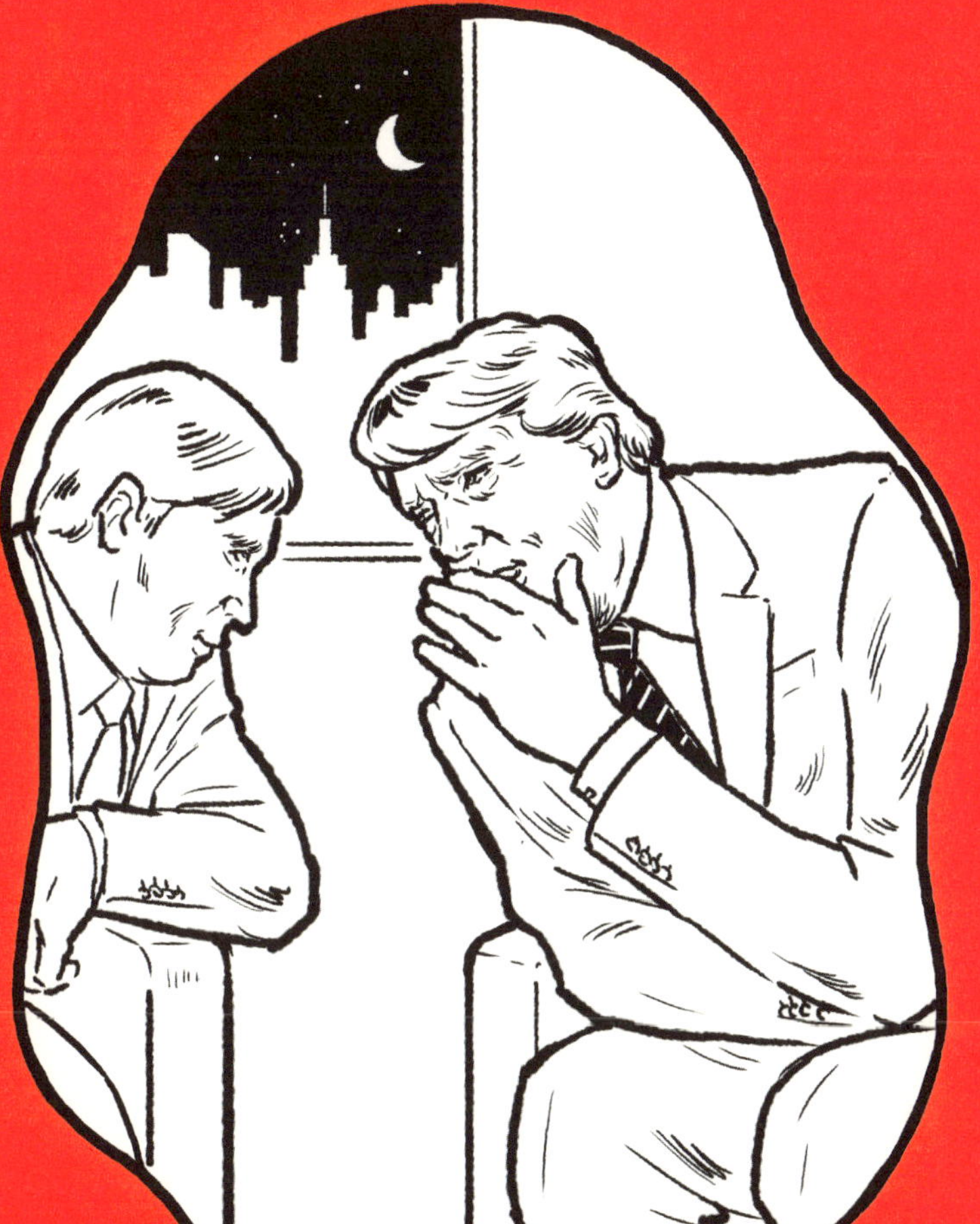

「ああ。あいつらの無知には笑ってしまうな」
トランプが続けた。
「夜に太陽があるわけないじゃないか」

トランプの北朝鮮政策

オバマ政権時代のアメリカは、北朝鮮の核開発問題に対して「戦略的忍耐」という態度で臨んだ。だが、この姿勢は結果的に、先方に都合よく利用されただけであった。

こうしたオバマ政権の政策と訣別《けつべつ》するかたちで登場したのが、トランプ政権である。

就任から約一カ月半後の二〇一七年三月六日、米上院共和党のリンゼー・グラムはトランプに対し、北朝鮮への具体的な対処法として二つの道を進言した。

一つは、アメリカへの核攻撃能力を確保した北朝鮮に核を使わせないよう威嚇《いかく》する「封じ込め」。そして二つ目は、軍事力を行使する「阻止」という案であった。

結局、トランプがひとまず選んだのは「封じ込め」の道であった。

トランプ政権は、朝鮮半島の「即時非核化」を要求。北朝鮮がこれに従わなければ、先制攻撃の可能性があることを示唆した。

考えてみれば、サダム・フセインもウサマ・ビンラディンもカダフィも、アメリカに「ならず者」と糾弾された者たちは、みな無惨な最期を遂げている。そのことを誰よりも理解しているのが、金正恩であろう。

金正恩は「核開発」への道を邁進《まいしん》しているが、彼にとっては核こそが最大で唯一の抑止力。これまでに、核保有国の指導者が他国の軍事力によって排除された例は歴史にない。

元来、北朝鮮は経済的にも決して大国ではない。北朝鮮の名目国内総生産（GDP）は約一兆八〇〇〇億円。これは日本の島根県や高知県などよりも小さな規模でしかない。アメリカのGDPと比べると、約一〇〇〇分の一。本来ならば「格が違う」。

そんな彼らが国力を集中して進めているのが、核とミサイルの開発ということになる。

この「一点豪華主義」こそが、彼らの生命線である。

作戦

ニューヨークの酒場で、トランプがマティス国防長官と酒を飲んでいた。そこに一人の青年がやってきて言った。

「あなたはトランプ大統領ですか？」

「そうだが」

「大統領がこんな場所で何をなさっているのですか？」

「北朝鮮を攻撃する作戦を練っているところだ」

「それはどんな作戦なのですか？」

「一週間で一〇〇万人の北朝鮮の国民と、一人の自転車屋を殺すことに決めた」

青年は怪訝《けげん》そうな顔をして聞いた。

「それはおかしな話ですね。どうして自転車屋を殺すんです？」

それを聞いたトランプは、ニヤリと笑ってマティスに言った。

「ほらみろ。誰も北朝鮮の国民の命なんて、何とも思ってやしないだろう？」

TRUMP vs. KIM JONG-UN

北朝鮮の暴走

弾道ミサイルの発射

二〇一七年二月に開かれた日米首脳会談の席において、安倍首相はトランプに対し、

「（北朝鮮への）石油供給を止めれば軍隊は崩壊する」

と述べ、経済制裁を推し進める戦略を促《うなが》した。そして、その場合、

「中国の協力が必要不可欠」

という点を併せて強調した。

その後に行われた米中首脳会談で、トランプは習近平に、

「北朝鮮への石油禁輸」

を要求。日本側の意向が反映された。

続く三月一日からは米韓合同軍事演習が始まったが、同月六日、北朝鮮はこれに対抗するかたちで弾道ミサイルを発射。改良型スカッドミサイル四発が、秋田県男鹿《おが》半

島沖の日本海上に落下した。

四発のうち、三発が日本のEEZ（排他的経済水域）に、残りの一発もその近くに落下したが、これは北朝鮮のミサイル技術の精度が増していることを示すものである。

北朝鮮側はこう発表した。

「合同軍事演習を強行し、情勢を核戦争の瀬戸際に追いやっている敵を弾道ミサイルの集中攻撃で報復する意思が砲兵部隊に湧き起こった」

そして、北朝鮮は同月九日、戦略軍報道官談話として、

「在日米帝侵略軍基地を攻撃目標に想定したことを隠さない」

と公表するに至ったのである。

二つの地獄

とある罪人が死んで、地獄に行った。

地獄の入り口には「アメリカの地獄」と「北朝鮮の地獄」と書かれた案内板が立てられていた。地獄の門番は罪人に言った。

「好きな地獄を選べ」

罪人は案内板の先を見渡した。すると「アメリカの地獄」の入り口は閑散としてい

る一方、「北朝鮮の地獄」の入り口には長蛇の列が延びていた。罪人は門番に聞いた。

「アメリカの地獄というのは、どういう地獄なんだ？」

門番は答えた。

「燃えたぎる石油の沼で、全身を焼かれる。朝から晩まで一日中だ」

「では、北朝鮮の地獄というのは？」

「まあ、ほとんど同じだね」

罪人は不思議に思って聞いた。

「じゃあ、どうして北朝鮮の地獄の方にみんな並んでいるんだ？」

門番が言った。

「北朝鮮の方は石油不足でね。しばしば火が消えちまうんだ」

考えごと

トランプと金正恩が会談した。金正恩がトランプに言った。

「何を考えているんだ？　またバカなことでも考えていたのだろう？」

トランプが答えた。

「どうしてわかったんだ？　今、おまえのことを考えていたんだよ」

無理な注文

アメリカの高官が、交渉のため北朝鮮を訪れた。北朝鮮側は自国をよく見せようと必死だった。

その高官が、平壌のレストランに行った時のことである。高官は、

（北朝鮮側を困らせてやろう）

と思い、こんな注文をした。

「象のステーキのマカロニ添えを頼む」

ボーイはこの注文をシェフに伝えた。シェフは支配人に相談した。支配人はすぐに当局に電話した。

当局は平壌動物園に指令を出した。こうして一頭の象が、速やかにレストランへと運ばれてきたのであった。

象の姿を窓から確認した高官は、心の底から驚いた。

（何ということだ！　奴ら本当にやりやがった！）

しかし、それからいくら待っても、テーブルには何も運ばれてこない。不審に思った高官はボーイに聞いた。

「象のステーキはどうなった？」

すると、ボーイが頭をさげて言った。

「申し訳ございません。ステーキはもう焼きあがっているのですが」

ボーイが続けた。

「マカロニがどうしても……」

原子力空母の派遣

二〇一七年四月五日、北朝鮮は改めてミサイルを発射。この時の目的は、米中首脳会談を牽制することであった。

翌六日、その米中首脳会談の夕食会が行われていた最中、アメリカはシリアにミサイル攻撃を断行。五九発もの巡航ミサイルをシリアに撃ち込んだ。この動きには、中国側も驚きを隠せなかったという。

そんな中で、トランプは中国側に対し、

「北朝鮮への圧力強化」

を要請。中国も難しい状況へと追い込まれた。

さらにアメリカはその後、原子力空母「カール・ヴィンソン」を朝鮮半島周辺に派遣。カール・ヴィンソンは全長三三三メートル、乗員の定員は約五〇〇〇人という「洋上の要塞《ようさい》都市」である。搭載可能な艦載機は六〇機以上。アメリカはこの世界最大級の航空母艦を使い、「軍事オプション」を強烈にちらつかせたのであった。

しかし、それでも北朝鮮の挑発は止まらない。北朝鮮側はこのカール・ヴィンソンを、

「太って肥大しただけの変態動物で、くず鉄同然の空母」

と揶揄《やゆ》したのであった。

それにしても、北朝鮮というのは悪口に関する表現力が実に豊かな国である。

知っている

問い・トランプと金正恩の違いとは？

答え・国民は、トランプがどこにいるのか常に知っている。

　金正恩は、国民がどこにいるのか常に知っている。


北朝鮮はどこにある？


北朝鮮への圧力を着実に強めるアメリカ。

二〇一七年四月にアメリカで行われた世論調査では、北朝鮮がイランを抜いて「世界で最も嫌いな国」に選ばれた。「北朝鮮が嫌いだ」と答えた回答者は七八％。「北朝鮮は脅威だ」との回答は五六％であった。

しかし、実際のアメリカ国民の多くは「北朝鮮がどこにある国なのか、ほとんど知らない」。アメリカの人気バラエティ番組『Jimmy Kimmel Live』で、そんな実態が明らかとなった。

番組はロサンゼルスのハリウッド・ブルーバードで通行人にインタビューするという構成。通りすがりの人々に世界地図を見せながら、

「北朝鮮はどこですか？」

と質問する内容である。

結果は惨憺《さんたん》たるもの。中東を指す人、オーストラリアを指す人、南米を指す人、北極を指す人。

ベトナムを指した人には、番組側から、

「またベトナム戦争を始めるつもりですか？」

との鋭いツッコミが入った。

哀しいかな、これがリアルな等身大のアメリカ人の姿である。

共通点

アメリカのトランプと、北朝鮮の金正恩。この二人の指導者に世界中から注目が集まっている。

そんな二人を長年にわたって研究した成果を、アメリカのとあるシンクタンクが発表した。それによると、二人には三つの共通点があるという。
1　両者ともにクレイジーである。
2　両者ともに肥満である。

3　両者ともに奇抜な発想を持つ理容師を抱えている。

新型ミサイルの発射

二〇一七年五月二日の「労働新聞」には、次のような言葉が並んだ。

「朝鮮核戦争が起こったら、アメリカの戦争基地となっている日本が真っ先に放射能の雲で覆《おお》われるだろう」

同月一四日、北朝鮮は新型ミサイル「火星12」を発射。ミサイルは二一〇〇キロ以上という極めて高い軌道にまで打ち上げられ、八〇〇キロ近く飛行した後、日本海に着水した。もしも、通常の軌道に打ち上げていれば、グアム島にまで達する可能性のある軌道だった。しかも、この新型ミサイルは大型核弾頭を搭載できる能力を有していた。

この発射実験は、中国が主催する国際会議が北京で開かれている最中に行われた。北朝鮮は中国の面子《メンツ》に傷をつけた。

中国は最も面子を重んじる国である。

その後の七月にも、北朝鮮は二度にわたってミサイル発射実験を強行。それぞれのミサイルの高度は二五〇〇キロ、三五〇〇キロ以上にまで達した。

この数字を通常の弾道軌道に換算すると、実に一万キロ近い飛行が可能であると推測される。こうなると、アメリカの首都であるワシントンD.C.の近辺までが射程範囲内となる。アメリカにとっての脅威は格段にあがった。

「ニューヨーク・タイムズ」によると、これらの弾道ミサイルに使用されたエンジンはウクライナ製であったという。旧ソ連時代、軍事産業の中核を担《にな》っていたウクライナの技術が、北朝鮮に流れている可能性が指摘されたのであった。

心配無用

とあるアメリカ人の言葉。

「北朝鮮が核兵器を開発したって？　そんなもの、心配する必要はない。みんな、よく思い出してほしい。これまでの日常生活の中で、朝鮮半島製の電化製品が順調に作動したことなんて一度でもあったかい？」

炎と怒り

二〇一七年八月五日（日本時間六日）、国連の安全保障理事会は、北朝鮮に対する新たな制裁決議を全会一致で採択した。

これにより北朝鮮は石炭や鉄鉱、海産物を輸出することが禁じられた。この措置によって、北朝鮮は前年（二〇一六年）の輸出総額約二八億ドルのうち、実に約一六億ドル分を失ったことになる。この制裁が的確に実施されれば、北朝鮮が外貨不足に陥《おちい》ることは必至である。

しかし、それも中国の意向一つといったところか。

そんな背景を見越してであろう、北朝鮮の態度は一向に変わらなかった。

八月八日、状況の打開を目指すトランプは、次のように述べた。

「北朝鮮にとって最善の策は、これ以上アメリカを脅さないことだ」

「彼（金正恩）の脅しは常軌《じょうき》を逸《いっ》している。北朝鮮は世界が目にしたことのないような炎と怒りに直面するだろう」

トランプの言葉の調子は、いよいよ過激さを増していった。とりわけこの「炎と怒り」発言は、それまでの表現を遥かに超える痛烈な警告であった。

「暴言王」の本領発揮である。

言うだけ？

核開発を一向にやめようとしない北朝鮮に対してトランプはついに、

「世界が目にしたことのないような炎と怒りに直面するだろう」

とまで述べた。

しかし、それを聞いたメラニア夫人は言った。

「心配ないわよ」

彼女はこう続けた。

「『炎』なんて言葉、彼は毎晩、ベッドの上で私に言っているわ。でも、実行したことなんて一度もないのよ」

演説

トランプが演説で、北朝鮮についてこう言った。

「無能で傲慢な指導者が、国家を勝手に牛耳《ぎゅうじ》っている。国際社会と協調する姿勢を見せることもなく、周辺諸国の脅威となっている。こんなに恥ずかしい国はない！」

演説を聞いていた人たちは、なぜ大統領が自国の批判をするのか理解できなかった。

緊迫する情勢

二〇一七年八月九日、北朝鮮はグアム島周辺への包囲射撃の検討を発表。朝鮮中央通信を通じて、次のような声明を出した。

「米帝の核戦略爆撃機があるアンダーセン空軍基地を含むグアムの主要軍事基地を制圧・牽制し、アメリカに重大な警告信号を送るため、『火星12』でグアム周辺への包囲射撃を断行する作戦案を慎重に検討している」

「標的はグアムから三〇～四〇キロメートルで、四発を同時に発射する」

「間もなく報告され、命令が下ればいつでも実行可能」

一見して激しい内容に映るものだが、よく読むと「慎重に検討している」といった曖昧《あいまい》な表現を巧みに使って、理解に幅を持たせることを意図した内容になっている。このあたりに、北朝鮮の苦悩と逡巡《しゅんじゅん》を読み取ることができよう。

同月一五日に朝鮮中央テレビが放送した金正恩の発言も、激しさと冷静さの共存するような内容であった。

「悲惨な運命に直面してつらい時間を送っている愚かで間抜けなアメリカの行動を、もう少し見守る」

同月二一日からは、米韓合同演習がスタート。この演習の中でアメリカ軍は、トマホークやバンカーバスターなどを搭載することのできる戦略爆撃機「B-1B」を朝鮮半島上空に飛行させた。同機はステルス性に秀《ひい》でた、極めて能力の高い爆撃機である。

一方の北朝鮮は同月二九日、国連安保理決議を無視するかたちで、太平洋に向けて弾道ミサイル一発を発射。日本上空を通過した弾道ミサイルは二七〇〇キロを飛行し、北海道襟《えり》裳《も》岬《みさき》の東方約一一八〇キロの地点に落下した。

原因と結果

平壌での会話。男が友人に言った。

「我が国は核兵器や弾道ミサイルまで保有する近代国家になったというのに、どうして私たちの生活はこんなに苦しいのだろう？」

友人が答えた。

「核兵器や弾道ミサイルを保有しているからだろう？」

核実験

二〇一七年九月三日、北朝鮮は同国にとって六度目となる核実験を強行。ＩＣＢＭ搭載用の水爆と見られる核実験に成功したことを全世界に示した。当初、少なくない

識者が、

「六度目の核実験はアメリカのデッドライン」

と述べていたが、北朝鮮はこのラインを一気に突破したことになる。

しかし、アメリカにとってこの実験が「自国の安全保障に直結する問題」であることは間違いない。

包括的核実験禁止条約機関（ＣＴＢＴＯ）準備委員会の発表によると、この核実験で生じた地震波の規模はマグニチュード６・１。これを基に日本の防衛省が推計したところによると、爆発の規模はＴＮＴ火薬に換算して約一六〇キロトンに及ぶという。

この数値は、アメリカやロシアが保有しているメガトン級の核よりは小さいものの、かつて広島で使用された原爆の実に一〇倍以上の威力を持つ計算になる。北朝鮮の核開発技術は、飛躍的な進歩を遂げている。

この核実験を受け、国連安全保障理事会は同月一一日、新たな決議案を全会一致で採択。北朝鮮への原油輸出量を現在の水準にとどめることや、石油精製品の輸出量を年間二〇〇万バレルまでに制限することなどが決められた。さらに、北朝鮮が繊維物を他国へ輸出することも禁止に。繊維物は北朝鮮にとって主力輸出品の一つである。

しかし、北朝鮮への石油輸出の全面禁止や、金正恩の資産凍結といったより踏み込んだ内容にまでは至らなかった。当初、アメリカはこれらの採択を目指していたが、中国とロシアが拒否する構えを示したため、譲歩を余儀なくされたのであった。

中国やロシアにとっての最悪なシナリオは、北朝鮮の現体制が崩壊し、米韓の軍隊が朝鮮半島に駐留して実効支配することである。

バードハンティング

安倍首相とトランプと金正恩が平壌で会談した後、一緒にバードハンティングに行った。このハンティングには、北朝鮮のテレビメディアが同行した。

まず、安倍がライフルを撃ち始めた。安倍は鳥の約半分を撃ち落とすことに成功した。テレビのレポーターはこう実況した。

「安倍が半分もの鳥を撃ち損じた！」

次に、トランプがライフルを撃ち始めた。トランプは鳥の約四分の三を撃ち落とすことに成功した。レポーターはこう実況した。

「トランプが四分の一もの鳥を撃ち損じた！」

最後に、金正恩がライフルを撃ち始めた。しかし、金正恩は一羽の鳥も撃ち落とすことができなかった。テレビカメラは大空を羽ばたく鳥の群れを映し続けていた。レポーターはこう実況した。

「私はこんなにたくさんの死んだ鳥が飛んでいるのを、今までに見たことがありません！」

続く挑発

国連安保理からの制裁圧力にもかかわらず、北朝鮮の動向に変化は表れなかった。

二〇一七年九月一五日、北朝鮮は中距離弾道ミサイル「火星12」を発射。北海道の上空を通過した同ミサイルの飛行距離は三七〇〇キロにも及んだ。国際社会の声をあざ笑うかのような態度であった。

ちなみに、発射地点である平壌近郊から米領グアムまでの距離はおよそ三四〇〇キロ。すなわち、北朝鮮はこのミサイル発射により、グアムに対する攻撃能力を明確に誇示したことになる。

しかし、アメリカもこれで引くような国家ではない。

同月一八日には、マティス国防長官のとある発言が波紋を呼んだ。記者から、

「ソウルを危険にさらすことなく北朝鮮の核・ミサイルを無力化するオプションはあるのか」

と聞かれたマティスは、

「ある」

と答えたのである。

一九九四年に起こった朝鮮半島危機の際、当時のクリントン政権は北朝鮮に対する軍事行動を本格的に検討。しかし、この時にアメリカ軍がはじき出した試算の骨子は、

「最初の九〇日間でアメリカ軍の死傷者五万二〇〇〇人、韓国軍死傷者四九万人、民間人も合わせると一〇〇万人以上の犠牲者が出る」

という衝撃的な内容だった。この報告を受け、クリントン政権は軍事的な選択肢を捨てた。

それから二〇年以上が経った今、攻撃能力の飛躍的な発展により、「多大な被害を出さずに攻撃できる」ことを、マティスは明らかにしたのであった。

無論、これは「ブラフ」（はったり）が含まれていた可能性もあろう。軍事に関する情報を小出しにリークしながら、心理戦を優位に進めようとするのは、外交において当然の姿勢である。

いずれにせよ、マティスのこの発言は「アメリカ軍はすでに軍事シミュレーションを終えている」ということを北朝鮮側に強く意識させるものとなった。

アメリカに勝つ方法

北朝鮮の二人の軍人が、「どうすればアメリカに勝てるか」というテーマで議論していた。一人が言った。

「いい考えがある」

「どんな考えだい？」

「まず、すごく小さな核爆弾を造る。それを専用のスーツケースに入れて、アメリカに持ち込むんだ。そして、アメリカの主要な都市でそれを爆破すればいい」

「なるほど。しかし、それは実際には難しいんじゃないか？」

「どうして？　我々の核開発技術は大変なスピードで進化しているのだから、極小の核爆弾を造ることだって不可能じゃないだろう？」

「いや、そうじゃなくて」

「では、いったい？」

「どうやってスーツケースを造るんだい？」

言論の自由

トランプが金正恩に言った。

「言論の自由があるアメリカでは、ホワイトハウスの前で私の悪口を言っても誰も逮捕されない。それが自由というものだ」

それを聞いた金正恩が答えた。

「それは北朝鮮も同じこと」

「どういうことだ？」

金正恩が言った。

「我が国でも、金日成広場でおまえの悪口を言っても誰も逮捕されないよ」

過激化する罵り合い

二〇一七年九月一九日、国連総会の場でトランプはこう発言した。

「自国や同盟国の防衛を迫られれば、北朝鮮を完全に破壊するしか選択肢がなくなる。ロケットマンの金正恩氏は自殺行為を行っている」

「ロケットマン」とは、トランプと同世代のミュージシャンであるエルトン・ジョンのヒット曲「ロケット・マン」を意識した表現だと思われる。

トランプはこの「ロケットマン」という言葉をよほど気に入ったのであろう、以降、このフレーズを頻繁に使っていくことになる。

同月二一日、一方の金正恩は次のような声明を出した。

「アメリカの老いぼれの狂人を必ずや、必ずや火で罰するだろう。史上最高の超強硬措置の断行を慎重に考慮する」

こうなると悪罵《あくば》の連鎖は止まらない。

翌二二日、米アラバマ州で行われた集会の席において、トランプはこう述べた。

「ところでロケットマンだが、もっと前に何とかしておくべきだったんだ」

トランプはこう続けた。

「私が何とかする。小さなロケットマンは、巨大な兵器を太平洋上で爆発させると言っている。皆さんは大丈夫。危険な目に遭わせない」

一〇月一日、トランプはツイッターにこう書き込んだ。

「チビのロケットマンとの交渉を図るのは時間の問題だ」

こうなると、もはや二人の舌戦は「罵《のの》り合い」の様相に。日本の政治家が口にしたら一発でクビになるような過激な言葉が、縦横無尽に乱れ飛ぶ事態に発展した。

ただし、問題の根底にあるのはあくまでも「北朝鮮の核・ミサイル開発」。トランプの過激な発言から今回の米朝間の緊張が始まったわけではない。

この点は、冷静に整理しておく必要があろう。

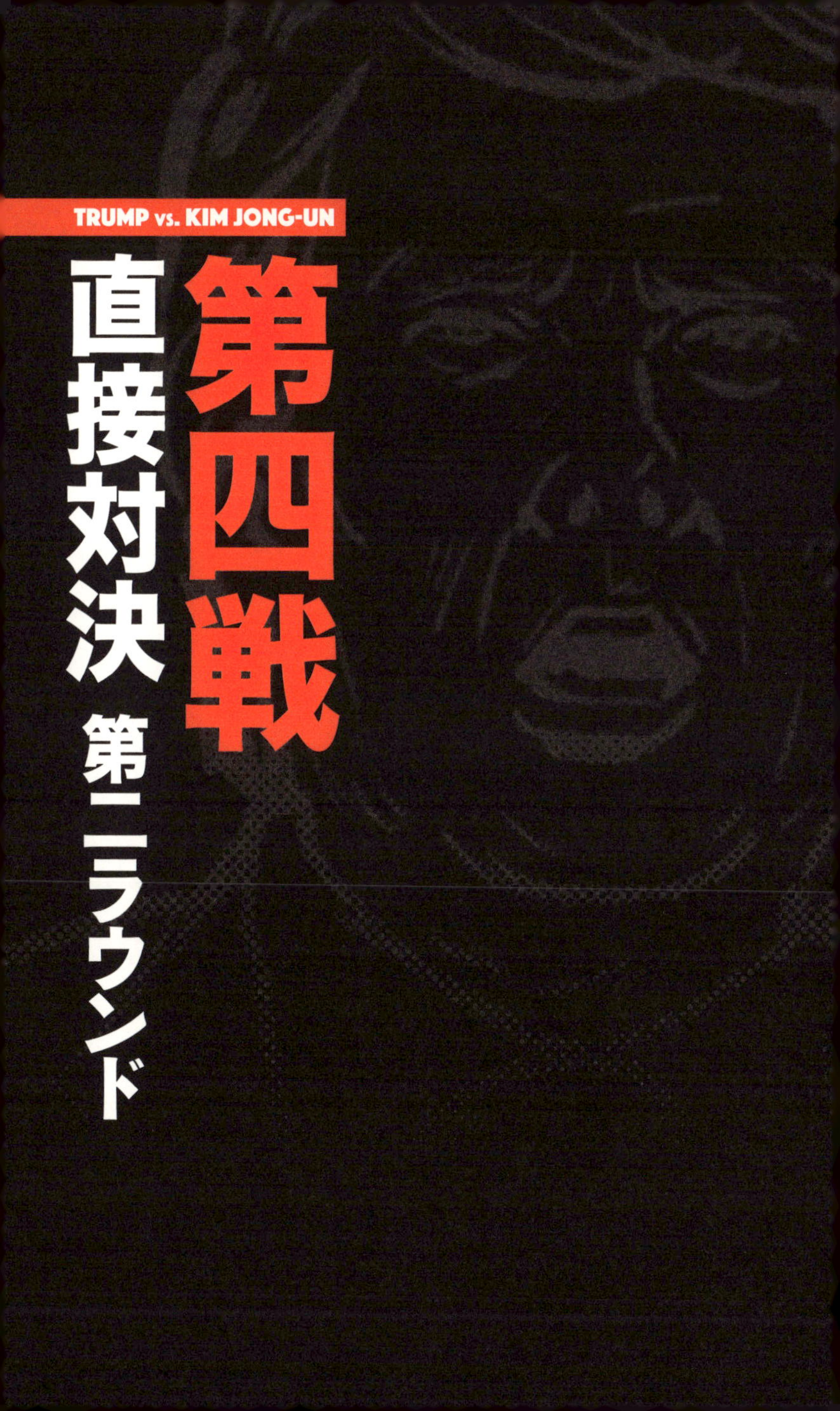

TRUMP vs. KIM JONG-UN

第四戦

直接対決 第二ラウンド

TRUMP vs. KIM JONG-UN

開戦への道

日本を手本に

朝鮮労働党の党大会が開かれていた。居並ぶ幹部たちに向かって、金正恩《キムジョンウン》が言った。

「国際社会の卑劣な制裁により、我が国の経済は厳しい状況が続いている。このままでは国が立ち行かない。どうすればよいか?」

側近の一人が手を挙げて言った。

「日本を手本にしてみてはいかがでしょうか?」

「どういう意味だ?」

「はい。かつて国際社会から経済制裁を受けた日本は、アメリカに先制攻撃をして戦争となりました。そして、日本は負けましたが、終戦後のアメリカは日本を助け、ついには同盟を結ぶにまで至ったのです。これを手本とするのです」

「なるほど。それはいい考えかもしれない。しかし、問題が一つある」

「何でしょうか?」

金正恩は言った。

「我が国が勝ってしまったらどうなるのだ?」

先制攻撃論

二〇一七年九月二三日、北朝鮮の李容浩《リヨンホ》外相は、国連総会の一般討論演説でこう述べた。

「アメリカやその属国勢力が、軍事攻撃の兆候を見せた場合、我々は容赦ない先制行動による予防措置をとる」

すなわち、これは「弾道ミサイル発射などによる先制攻撃を辞さない」という態度の表明である。

トランプはこの李外相の演説に対してツイッターに、

「彼がチビのロケットマンの考えに同調しているのであれば、両者とも遠からず姿を消すことになるだろう」

と書き込んだ。

このような動向を受け、米国防総省は、

「米領グアムに配備されているB-1B戦略爆撃機二機が、北朝鮮東方沖の国際空域を飛行した」

と発表。これは戦略爆撃機が南北の軍事境界線を越えて飛行した事実を示しており、今世紀に入って米軍機が同地域において最も北方まで進入したことを意味する。

韓国の情報機関である国家情報院の報告によると、北朝鮮側のレーダーはこの米軍機の動きを捉《とら》えることができなかった可能性が高いという。アメリカが自ら公表に踏み切ったのは、

「北朝鮮が飛行に気付いていなかったから」

というのが理由だという話である。

アクセスコード

問い・ペンタゴンが核兵器へのアクセスコードを一五〇字以上に変更した。なぜ？

答え・トランプがツイートできないように。

宣戦布告？

トランプのツイッター好きは有名。平均すると一日に「五回以上」もツイートしているとか。ちなみにツイッターの投稿文字数は一四〇字まで。（ただし、二〇一七年九月より、日本語や中国語を除く言語では、上限を二八〇字にまで拡大する試みが始められている）

それはさておき、米朝関係。

二〇一七年九月二五日、国連総会に出席するため訪米していた北朝鮮の李容浩外相は、

「彼（トランプ氏）は宣戦布告をした」

とコメント。これはトランプが、

「（北朝鮮は）長くはないだろう」

と述べたことに対する反応であった。李外相は、

「自衛的な対応を取るあらゆる権利がある」

とも主張。これは米戦略爆撃機への攻撃を意識した発言である。李外相はさらに、

「世界はアメリカが最初に宣戦布告をしたことを明確に覚えておかなければならない」

と続けた。

「開戦となっても、先に手を出したのは向こうだ」

という理屈である。

TRUMP vs. KIM JONG-UN

戦争というシナリオ

三八度線

韓国軍の二人の兵士が、三八度線の監視に立っていた。一人が言った。

「もしも、この三八度線が崩壊したら、君はどうする？」

もう一人が答えた。

「そうだな。俺はとりあえず木の上に登るかな」

「木の上にだって？　どうして？」

「だって、向こうから殺到してくる群衆に踏みつぶされたくないじゃないか」

化学兵器の存在

北朝鮮のミサイルの主力は、スカッドやノドンといった弾道ミサイル。これらのミサイルは、旧ソ連の技術を応用したものだとされる。

さらに、北朝鮮は射程二〇〇〇キロ以上と推定される中距離弾道ミサイル「北極星2」も新たに保有。これにより、沖縄も攻撃圏内に入ったことになる。

スカッドやノドンは車載型のミサイルのため、地下に容易に隠すことができる。事前に発射を察知して先制攻撃することは極めて難しい。

また、北朝鮮は猛毒のサリンやVXなどの化学兵器を大量に貯蔵している上、生物兵器用の炭疽菌《たんそきん》なども保持していると見られる。日本の安倍首相も参院外交防衛委員会で、次のような見解を述べている。

「サリンを弾頭に付けて着弾させるという能力については、すでに北朝鮮は保有している可能性がある」

ただし、スカッドやノドンはかなり老朽化しており、実戦でどれだけの威力を発揮できるのかは不明という側面もある。

二〇一七年一〇月七日、トランプは自身のツイッターにこう書き込んだ。

「過去のアメリカ大統領は二五年間北朝鮮と対話し、大量の金が払われてきたが、合意はインクが乾かぬうちに破られ、米政府の交渉者はこけにされた。もはや有効な手段は申しわけないが、一つしかない」

「最後通告」のようにも読める内容であるが、ビジネスの世界で成功を収めたトランプは、「ディールメイカー」(取り引き上手)という一面も持つ。金正恩との舌戦も、「駆け引き」の一つなのであろうか。

しかし、トランプにはシリアに突如としてミサイルを撃ち込んだ「過去」もある。トランプのことを「ディールブレイカー」(取り引きを破壊する者)と評する識者も少なくない。

いずれにせよ、随分と危うい駆け引きに映る。

女スパイ

CIAの女スパイが、平壌への潜入に成功した。数カ月後、彼女は無事にアメリカに戻ってきた。彼女は言った。

「私は金正恩の部屋にあった秘密書類を入手することに成功しました。そこには細かな戦争計画が書かれていましたので、これを提出します」

「それは凄《すご》い!」

幹部たちは大喜びした。女スパイはなおも続けた。

「それから、私は金正恩の子供を捕虜として連れてくることにも成功しました」

「な、なんと！　それで、その子供というのはどこにいるんだね？　すぐに尋問したい！」

女スパイが言った。

「それは無理です。あと一〇カ月ほどお待ちください」

心理戦

アメリカは北朝鮮に対し、多方面にわたる準備を進めている。

二〇一七年一〇月一〇日、ホワイトハウスは公式に以下のように発表した。

「トランプ大統領は今日午前、ホワイトハウスで国家安保関連参謀に会い、その席でジェームズ・マティス国防長官とジョセフ・ダンフォード統合参謀本部議長から報告を受けた」

ホワイトハウスが「国家安保会議開催」という事実を声明の形式で公表すること自体が異例である。声明はこう続けられた。

「報告と議論は、いかなる形態の北朝鮮攻撃にも対応し、必要な場合には北朝鮮が核兵器でアメリカと同盟国を威嚇することを防ぐための多様なオプションに焦点が合わされた」

この「多様なオプション」という言葉の中に、「軍事オプション」が含まれていることは明白である。

ただし同日、ヘザー・ナウアート米国務省報道官はこうも述べている。

「外交が最優先のアプローチ」

「いかなる国も他国との戦争を望まない。私たちは外交を望む」

ギリギリのラインでの微妙な心理戦は、今も続いている。

余命宣告

トランプと習近平と金正恩の前に、神様が現れた。神様は三人に言った。

「人間の寿命というのは、生きている間のすべての行動の善悪によってその長さが決まります。あなたたちの余命を教えてあげましょう」

まず、神様はトランプに言った。

「五」

「そ、そんな！　あと五年しか生きられないなんて！」

次に、神様は習近平に言った。

「三」

「バカな！　あとたった三年？」

最後に、神様は金正恩に言った。

「一〇」

金正恩はつぶやいた。

「あと一〇年か。とても充分とは言えないが、他の二人よりはマシだ。仕方ない」

神様は続けた。

「九、八、七、六……」

斬首作戦

特殊部隊の急襲などによって金正恩を殺害するという「斬首作戦」。実際、アメリカ軍は二〇一一年にパキスタンで、国際テロ組織アルカイダの指導者であったウサマ・ビンラディンの殺害に成功している。この作戦を担《にな》ったのは、アメリカ海軍の特殊部隊であった。

しかし、金正恩を標的とした場合、ビンラディンの時とは様々な条件が異なるため、その難度は格段にあがる。流浪のテロリストであったビンラディンとは違い、金正恩は一国家の最高指導者である。金正恩に接近することは、極めて難しい。白頭山《ペクトウサン》の地下深くに設けられた指揮所は、先代の金正日《キムジョンイル》時代からの「定番」の潜伏場所だが、周囲には高射砲や対空ミサイルが無数に配備されている。その他、いまだ知られていない秘密の隠れ家が、北朝鮮国内の各地に存在するであろう。

考えてみれば、イラクのサダム・フセインを拘束できたのも、アメリカのイラク占領から九カ月も経った頃であった。

そんな泥沼の苦難も予想される斬首作戦だが、アメリカ軍はもちろん、韓国軍もその準備を進めている。

韓国軍は二〇一七年一二月一日、朝鮮半島有事の際に金正恩ら北朝鮮指導部への斬首作戦を遂行する「特殊任務旅団」を創設。その規模は約一〇〇〇人で、核攻撃の兆候を察知した場合に平壌に侵入し、核兵器発射の権限を持つ金正恩らを排除するべく行動するという。

当の金正恩は二〇一六年三月の時点で、すでにこう述べている。

「敵が我々の尊厳と自主権、生存権を傷つけようと発狂し、いわゆる『斬首作戦』と『体制崩壊』のような最後の賭けに出ていることからして、情勢はもはや傍観できない険悪な状況に至った」

「斬首作戦」という言葉に、強い警戒心を抱いている様子がうかがえる。

任務

金正恩に対する斬首作戦の任務を帯びた米兵二人が、朝鮮労働党の本部に忍び込んだ。しかし、肝心の金正恩の姿が一向に見つからない。一人の米兵がつぶやいた。

「あの独裁者はいったいどこへ行ってしまったんだ？　無事でいてくれるといいのだが」

温暖化の終焉《しゅうえん》

地球温暖化は、トランプと金正恩のおかげで止められるかもしれない。核の冬によって。

準戦時体制

二〇一七年一〇月一六日からは、アメリカ海軍の空母も参加して行われる米韓両軍による共同訓練が始まった。

この訓練には、アメリカ海軍が誇る世界最大級の原子力潜水艦「ミシガン」も参加。「ミシガン」は巡航ミサイル「トマホーク」を約一五〇発搭載可能で、北朝鮮の核・ミサイル施設を攻撃するための充分な能力を持つ。

このような米韓の動向を受け、北朝鮮は軍や秘密警察要員らに実弾を支給。北朝鮮では通常、国境警備や前線配備の部隊を除き、実弾は徹底的に管理されている。しかし、これが実弾支給に至ったということは、北朝鮮が「準戦時体制」へ移行したことを意味している。

同日、北朝鮮当局者はCNNのインタビューに答え、次のように語った。

「トランプ米政権との交渉に応じる前に、アメリカからのいかなる侵略にも対抗できるような信頼性のある防衛、攻撃能力を持っているという明確なメッセージを送りたい」

名案

アメリカのとある家庭。男の子が父親に言った。

「僕、とてもいいことを思いついたんだ」

「何だい？　話してごらん」

「僕ね、プレゼントをあげたい相手がいるんだ」

「ほう、それは誰かな？」

「北朝鮮の金正恩だよ」

父親は驚いて聞いた。

「何だって？　あの独裁者に？　どうしてそんなことを考えたんだ？」

「金正恩だって、見ず知らずのアメリカの子供からプレゼントをもらったら嬉しいでしょう？」

「どうかな」

「僕の友達にも頼んで、みんなでプレゼントを贈るんだ。そうすれば金正恩だって『アメリカにもいい子がいっぱいいるじゃないか』と思うはずだよ」

「しかし、な」

「他の国の人たちにも頼むんだ。世界中からプレゼントが届けば、金正恩だって優しい気持ちになるはずだよ。みんなが優しくすれば、彼も優しくなる。そうすれば、彼もきっと心を開いてくれると思うんだ」

父親は感心しながら言った。

「おまえはとても素敵なことを考えたね。私は父親として誇りに思う。おまえが優しい人間に育ってくれて嬉しいよ」

男の子は満足そうにうなずいてから言った。

「そうなんだ。僕は本当にいいことを思いついたよ。それで、あいつが油断して出てきたところにミサイルを撃ち込めばいいんだから」

アジア歴訪

二〇一七年一一月上旬、トランプは日本を含むアジア各国を歴訪した。同月五日、トランプは日本に到着。翌六日に行われた日米首脳会談では、「北朝鮮に対する圧力を最大限まで高める」

ことで一致した。トランプは会談後の共同会見でこう述べた。

「北朝鮮の核実験、弾道ミサイル発射。これはとても容認できない。『戦略的忍耐』は終わった。私の発言は、強すぎると言われるが、過去二五年間の発言が弱すぎたのだ」

同月八日、トランプは次の訪問国である韓国の国会で演説し、北朝鮮のことを、

「野蛮な体制」

と非難。さらには、

「ならず者政権」

「カルトに支配された国」

「地獄」

とも表現した。

このような演説を受け、北朝鮮は外務省報道官談話として次のように述べた。

「妄言《もうげん》を並べ立て、わが国を悪魔化した。核戦力完成へ、我々をより速く疾走させる」

両者の「罵《ののし》り合い」は、もはや「お約束」の領域に。

その後の一一月一二日、トランプは金正恩に関して、ツイッターにこう書き込んだ。

「なぜ私を『おいぼれ』と呼んで侮辱するのか。私は彼を『チビでデブ』とは言わないのに」

一応、ツッコんでおくと、彼がそれまでに何度も「チビのロケットマン」などと金正恩のことを揶揄《やゆ》していたのは、前述してきた通りである。

攻撃準備

アメリカ陸軍参謀総長の息子が、父親に聞いた。

「ねえ、お父さん。オーストラリアを攻撃するには、何発のミサイルが必要？」

参謀総長は苦笑して答えた。

「オーストラリアだって？　そうだな。そんなことは考えたこともないからよくわからないが、おそらく三〇〇発から五〇〇発は必要なんじゃないかな」

息子はさらに聞いた。

「じゃあ、イギリスを攻撃するには、何発のミサイルが必要？」

参謀総長は困った顔をして答えた。

「うーん、なかなか難しいな。たぶん、一〇〇〇発以上は必要になるんじゃないかな。もしかしたら、二〇〇〇発くらいは要《い》るかもしれない」

「なるほど」

息子が続けて聞いた。

「じゃあ、北朝鮮を攻撃するには、何発のミサイルが必要？」

参謀総長は答えた。
「一四六発」

開戦となった場合

北朝鮮による大陸間弾道ミサイル（ＩＣＢＭ）技術の確立はもはや「時間の問題」。このままいけば、アメリカ国内で「封じ込め」よりも「阻止」を主張する意見が大きくなっていくことも予想される。

もし軍事攻撃が現実のものとなった場合、アメリカがまず憂慮するのは、同盟国である韓国の住民や在韓アメリカ人の被害である。アメリカが攻撃を始めれば、北朝鮮が報復としてソウルや米軍基地に対し、無数の砲弾やロケット弾を浴びせることは間違いない。

「第二次朝鮮戦争」の勃発《ぼつぱつ》である。

イギリスのシンクタンクである王立防衛安全保障研究所が発表したところによると、もしも米朝間で戦争が勃発した場合、

「アメリカ側の局地攻撃では終わらず、核兵器が使われなくとも犠牲者が数十万人に上る」

という。

ここまでくると、日本への攻撃が在日米軍基地にとどまらず、都市部にまで及ぶ恐

れも。金正恩政権が、

「死なばもろとも」

と大規模な攻撃をしかけてくる可能性は、残念ながら否定しきれない。

また、もし直接的な攻撃を免れることができたとしても、朝鮮半島から何十万人、何百万人もの難民が日本に流入する事態が予想される。経済も深刻なダメージを受けるであろう。

日本というのは実に「お隣りさん」に恵まれない国である。

神の決定

世界を創造している最中の神様が、天使に言った。

「日本という理想的な国を造ってみよう。自然豊かな国土に、美しい四季、水も豊富にあり、そこに住む人々は勤勉で穏やかな性格をしている」

それを聞いた天使が言った。

「しかし、それではあまりに不公平です。他の国の人たちから不満が出ませんか?」

それを聞いた神様は、

「それもそうだ」

とつぶやき、こう言った。

「では、隣を北朝鮮にしておこう」

TRUMP vs. KIM JONG-UN

開戦？

テロ支援国家

二〇一七年一一月二〇日、トランプ政権は北朝鮮を九年ぶりに「テロ支援国家」に指定。トランプはこう述べた。

「今日、アメリカは北朝鮮をテロ支援国家に指定する。ずっと前からこうするべきだった」

また、金正恩体制については、

「残忍な体制」

と改めて断じた。

ちなみに現在、アメリカがテロ支援国家に指定しているのは、イラン、シリア、スーダン、そして北朝鮮の四カ国である。

この再指定により、北朝鮮に対する武器禁輸や人道目的以外の経済支援停止といった独自制裁が可能となった。

そんな動きを受け、北朝鮮は同月二九日に弾道ミサイルを発射。ミサイルは約一〇〇〇キロ飛翔した後、青森県西方約二五〇キロの地点に当たる日本の排他的経済水域（EEZ）内に落下した。朝鮮中央テレビは「重大報道」として、次のように発表した。

「アメリカ本土全域を攻撃できる超大型の核弾頭の装着が可能な新型のICBM『火星15型』の発射実験に成功した」

「火星15型」の発射を発表したのは、この時が初めて。「小型」ではなく「超大型」の核弾頭の使用の可能性を示したことは、アメリカにとって脅威の段階が明確にあがったことを意味している。

いよいよ、両者は本当にドツキ合うことになるのか。

ジョークにならない現実が待っているかもしれない。

貞操

ついに、アメリカと北朝鮮は開戦。トランプはグアムや日本の基地を飛び回る生活へと入った。

長くホワイトハウスを空けざるをえなくなったトランプは、妻のメラニアがその間に浮気することを恐れた。そこでトランプは、メラニアに特別の貞操帯《ていそうたい》を着けさせることにした。その貞操帯とは、入ってきた男性器を切断してしまうという特殊な代物《しろもの》であった。

長い軍事作戦が終わり、トランプはしばらくぶりにホワイトハウスに戻った。トランプはさっそく、留守の間を守っていた側近たちの下半身を調べた。

結果は、ことごとく性器を無くした者たちばかりであった。トランプは激怒した。

しかし、そんな中でも、ペンス副大統領だけは性器を切り取られていなかった。トランプは満面の笑みで、ペンスに声をかけた。

「信用できるのは、やっぱりおまえだけだ！」

ペンスは無言だった。

舌を切り取られていたのである。

最前線

ついに始まった第二次朝鮮戦争。

開戦以来、北朝鮮軍の被害は甚大だった。それは、朝鮮半島においてアメリカ軍が採用した以下のような作戦が的中したためである。

まず、アメリカ軍の兵士たちが、北朝鮮軍の陣地に向かってこう叫ぶ。

「おい！　キム！」

すると、北朝鮮軍の塹壕《ざんごう》から、数名の兵士が顔を出す。そこを、アメリカ軍が一斉射撃するというわけである。

しかし、北朝鮮軍とてバカではない。このアメリカ軍の作戦を逆手にとることを思いついた。北朝鮮軍の兵士たちは、アメリカ軍の陣地に向かってこう叫んだ。

「おい！　ジョージ！」

だが、アメリカ軍側はこう返答した。

「なんだい？　キム！」

こうして、再びアメリカ軍の一斉射撃が始まるのである。

野戦病院（アメリカ軍篇）

アメリカ軍の野戦病院で、多くのケガ人が寝ていた。ある夜、一人の患者が急に苦しみ始めた。他の患者たちが看護師を呼んだ。

「彼がすごく苦しんでいます。助けてあげてください！」

しかし、看護師は言った。

「お気の毒ですが、この方のケガはすでに手の施《ほどこ》しようがありません。もう時間の問題です」

患者たちは、大声をあげた。

「それならなぜ、終末医療の部屋に移さないんだ！」

それを聞いた看護師は、ゆっくりとした口調で言った。

「みなさん、聞いてください」

看護師は続けた。

「ここがそうなんです」

野戦病院（北朝鮮軍篇）

北朝鮮軍の野戦病院。大手術を受けた後の患者が、ようやく目を覚ました。それに気付いた医者が聞いた。

「どうですか、気分は？」

「大丈夫です。問題ありません」

患者が続けた。

「最初は鉄の棒で頭を殴られたような痛みがあったんですけど、それももうよくなりました」

「それはよかった」

医者が続けて言った。

「すまなかったね。麻酔薬がなかったものだから」

危機

北朝鮮軍の潜水工作員が、日本海の海中に潜っていた。すると、海上の母船から無線が入った。

「至急、上がってこい！　船が沈没しそうだ！」

進軍

ついに、北朝鮮国内へと上陸したアメリカ軍。上陸部隊は平壌を目指して大規模な進軍を開始した。

そんな行軍中、一人のアメリカ兵が道の脇にいた農民に声をかけた。

「この道をどんどん進めば、この先に朝鮮労働党の本部があるのだな？」

農民が答えた。

「あなたがどんどん進まなくたって、朝鮮労働党の本部はこの先にありますよ」

備蓄

アメリカとの戦争が長引く中、金正恩が副官に尋ねた。

「我々には、あとどれくらいの米の備蓄がある？」

「約一〇カ月分であります」

「それではトウモロコシは？」

「約五カ月分であります」

「肉は？」

「約一カ月分であります」

金正恩はしばらく考えた後、こう聞いた。

「ちょっと待て。それは軍の食糧のことか？　それとも国民の分も入れての計算か？」

副官が答えた。

「そのどちらでもありません」

「どういうことだ？」

副官が言った。

「あなたはさきほど『我々』と言ったはずです。『我々』と言えば、それは私とあなたのことです」

核保有

地球上に存在する核兵器が最も多かったとされるのが、冷戦下の一九八六年。この時、世界には約六万四〇〇〇発もの核兵器が存在したと言われている。

当時、最も多くの核兵器を保有していたのはソビエト（現・ロシア）で、その数、およそ四万発であった。

その後、世界規模での核軍縮が進展。現在、世界に存在する核兵器の数は一万発を切るにまで至った。

今、最も多くの核兵器を持っているのはアメリカである。アメリカは世界にある核兵器の約半分にあたる四七〇〇発ほどを所有しているとされる。こういった現状に関してトランプは、

「私が望んでいるのは（核戦力の）近代化および抜本的な刷新であり、数を増やすことではない」

と発言している。

こうした世界的な背景の中で、北朝鮮の独断は極めて目立っている。独裁者の顛末《てんまつ》やいかに。

Vサイン

第二次朝鮮戦争の戦況は、アメリカ軍の圧倒的な優位で進んだ。

金正恩は側近の金永南《キムヨンナム》を自分の部屋に呼びつけた。すると金永南は二本の指を「V」の字に立てながら部屋に入ってきた。それを見た金正恩は、興奮して聞いた。

「勝ったのか？　ついに我が軍が勝ったのだな！」

金永南が答えた。

「いいえ、違います」

「じゃあ、どういうことなんだ？」

金永南が言った。

「とうとう我が軍は、あなたと私の二人だけになってしまいました」

核のボタン

二〇一八年は年明けから「核のボタン」を巡るトランプと金正恩の舌戦が改めて話題に。二人の「新春ドツキ漫才」は、金正恩の新年の挨拶から始まった。

「アメリカ本土全域が我々の核攻撃の射程内にあり、核のボタンは常に私の机の上にある」

珍しくスーツ姿で演壇に立った若き独裁者は、こうも述べた。

「アメリカが火遊びをすることのできないように押さえ込む強力な抑止力となった」

「アメリカは絶対に我が国を相手に戦争をしかけることはできない」

「核弾頭と弾道ミサイルを大量生産し、実戦配備に拍車を掛けなければならない」

金正恩は引き続き、核・ミサイル開発を継続する意思を国内外に示したわけである。

このような発言に対して、トランプはよほど癇《かん》にさわったのか、ツイッターにこう書き込んだ。

「弱りきり、飢えた彼の政権の誰か、どうか伝えてくれないか。私も核のボタンを持っていて、それは彼のものよりはるかに大きく、はるかに強力だと。しかも、私のボタンは実際に作動する！」

この投稿に対する北朝鮮側の反応は、以下の通り。(「労働新聞」より)

「頭のおかしい奴のひきつけ」

「狂犬病にかかった犬の遠ぼえ」

「負け犬の悲壮な精神状態を反映している」

「怒りに関する障害と統合失調症」

両者の激しい言葉の応酬は、今後も続くのであろうか。

Xデーは来るのか。時計の針は戻せない。正念場が続く。

占い

金正恩が一人の占い師を呼んで聞いた。

「私がいつ死ぬか、わかるか?」

占い師はこう答えた。

「将軍様は世界最大のお祭りの日に亡くなります」

それを聞いた金正恩は、すぐに「世界最大のお祭り」がいつなのか、側近たちに調べさせた。あらかじめその日がわかれば、予防のための様々な対策が立てられると考えたのである。

しかし、いくら調べても、そのようなお祭りがいつ行われるのか、判然としなかった。金正恩は再び占い師を呼んで聞いた。

「おまえの言う世界最大のお祭りの日というのは、いったいいつのことなんだ？」

占い師が答えた。

「あなたの死ぬ日が、世界最大のお祭りの日になるんですよ」

米朝会談の行方

二〇一八年三月、トランプは金正恩との直接会談に同意。米朝会談が開催される見込みとなった。トランプが金正恩からの要請に応じたかたちである。

四月二七日には、板門店《パンチンジョム》にて南北首脳会談が実現。金正恩は笑顔を振りまいて「イメチェン」を図ったが、これも懸命の「命乞い」か。いずれにせよ、米朝関係は新たなステージを迎えようとしている。

元よりアメリカは、すでにイラクやシリア、アフガニスタンといった地域に大規模な予算と戦力を投入している状況にある。いくら「世界一の軍事大国」であるアメリカといえども、「二正面作戦」は望むところではない。

しかし、トランプは「何をしでかすかわからない」キャラクター。側近からは、

「わがままさは二歳児なみ」

「文書報告を一切読まず、注意力が続かない」

「精神不安定」

といった声が漏《も》れ伝わる。大統領自身が一番のリスクか。

一方の北朝鮮側も、米朝会談とその後の展開によっては、「暴発」する可能性が否定できない。

日本には「窮《きゅう》鼠《そ》猫《ねこ》を噛《か》む」ということわざがあるが、アメリカではこう言う。

「犬にけしかけられれば、猫もライオンのように荒々しくなる」(A baited cat may grow as fierce as a lion.)

奇跡

ついに、北朝鮮との戦争に勝利したアメリカ。アメリカ軍は金正恩を捕らえ、速やかに処刑した。

しかし、困ったのが遺体の処理だった。アメリカは他の国々に遺体の引き取りを要請した。

まず韓国に頼んだが、断られた。次に日本に依頼したが、これも断られてしまった。

結局、埋葬の受け入れを表明したのは、イスラエルだけであった。

ペンス副大統領がその旨をトランプに報告した。しかし、トランプは言った。

「ダメだ。イスラエルだけは絶対にダメだ」

不思議に思ったペンスが聞いた。

「どうしてですか？」

トランプが答えた。

「かつてあの地では、人が生き返った例があるじゃないか」

二つの地獄

金正恩が死んで、地獄へと落ちた。地獄の悪魔が言った。

「地獄には二種類ある。どちらか好きな方を選べ」

最初に通されたのは、血の池地獄だった。人々は血の池の中で溺れながら、もがき苦しんでいた。悪魔が言った。

「これが永遠に続くのだ。永遠に」

次に通されたのは、糞尿《ふんにょう》地獄だった。糞尿にまみれた沼からは、ものすごい悪臭が漂《ただよ》っていた。しかし、人々はその沼のほとりで、マグカップ片手にコーヒーを飲んでいた。それを見た金正恩は、悪魔に言った。

「こっちの方がマシだ。オレは糞尿地獄にする」

「よし。いいだろう」

金正恩の行き先は、糞尿地獄と決まった。まもなく、悪魔が糞尿地獄の者たちに言った。

「よし、休憩終わり。みんな、糞尿の中に戻れ」

地獄の変化

金正恩が死んで、地獄に落ちた。数日後、天国の門に悪魔たちがゾロゾロと現われた。聖ペテロが驚いて聞いた。

「おや、お揃いでどうされましたかな?」

悪魔たちが言った。

「亡命を申請します」

天国と地獄

金正恩が死んだ。金正恩のことを嫌っていた神様は、さっそく地獄に電話をかけた。

「金正恩は間違いなくそちらへ行っているでしょうな」

すると、地獄の悪魔が答えた。

「いや。そんな名前の者は来ておりません。改めてリストを確認しますので、明日にでも、もう一度かけてください」

翌日、神様は再び地獄に電話をした。悪魔はこう言った。

「やはり、そのような名前の者は来ていないようです」

神様は驚いた。そこで念のため、天国にも電話をかけてみることにした。

「もしもし、聖ペテロですか？　何かの手違いで、そちらに金正恩という男が行っていませんか？」

すると、聖ペテロが答えた。

「聖ペテロなどというのは過去の名前。よく覚えておいてください。今の私の名前は同志ペテロ」

地獄で見たもの

金正恩が死んで、地獄に落ちた。

地獄では、無数の罪人たちがヘドロの沼に沈められていた。そして、生前の罪の重さによって、ヘドロの深さが決められていた。

ヒトラーは首までヘドロにつかっていた。

スターリンは口までヘドロにつかっていた。

しかし、金正恩は胸までしかヘドロにつかっていなかった。それを見たヒトラーとスターリンが、怒って叫んだ。

「おかしいじゃないか！　なんでおまえは、そんなラクをしていられるんだ？」

するとと、金正恩が言った。

「おやじに肩車をしてもらっているんでね」

最後の望み

金正恩とトランプと習近平が、死んであの世へ行った。入り口で聖ペテロが言った。

「最後に望みを一つだけ叶えてあげましょう」

金正恩は言った。

「ニューヨークが核爆弾で吹き飛ぶところを見てみたい」

続けて、トランプが言った。

「平壌が壊滅するところを見てみたい」

最後に、習近平が言った。

「では、私は一杯のコーヒーを」

聖ペテロが驚いて聞いた。

「一杯のコーヒー？　本当にそれだけでいいのですか？」

すると、習近平が言った。

「ええ。この二人の願いがしっかり叶ってくれれば」

おわりに

日本にとってお隣の国である北朝鮮。

日本にとって同盟国であるアメリカ。

両国が激しいつばぜり合いを続ける中、その合間に存在する日本もまた極めて難しい舵取《かじと》りを迫られている。

アメリカは軍事的な「外科手術」に踏み切るのか。はたまた、北朝鮮が暴発するのか。両者の遺恨が複雑に絡《から》まり合う中、ギリギリの応酬が繰り広げられている。

前提となるのは、両国の衝突がもはや「核保有国同士の対立」であるということ。

これが偽《いつわ》らざる現実である。

ジョークのようなことが実際に起こる目の前の現実。喜劇のようにも悲劇のようにも映る現実。米朝関係の緊迫が、多くの新たなジョークを生んでいるという現実。

そんな中、日本はいかなる道を歩んでいくべきか。右往左往するだけでは、どうにもならない。

国際情勢、一寸先は闇。あるのは嘘に暴言、謀略ばかり。あるいは屈折と不条理か。

そして、二人の男の顛末《てんまつ》は？　二人の名演、熱演、怪演はいったいどこまで続くのであろう。

果たして、終幕はどんなものになるのか。

「笑い」のないオチだけは、御免蒙《こうむ》りたい。

早坂隆（はやさか・たかし）

1973年、愛知県生まれ。ノンフィクション作家。『世界の日本人ジョーク集』『新・世界の日本人ジョーク集』（共に中公新書ラクレ）をはじめとするジョーク集シリーズは、累計100万部を突破。『昭和十七年の夏　幻の甲子園』（文藝春秋）でミズノスポーツライター賞最優秀賞受賞。他の著書に『指揮官の決断　満州とアッツの将軍　樋口季一郎』『永田鉄山　昭和陸軍「運命の男」』（共に文春新書）等。日本文藝家協会会員。

ジョーク集 トランプvs.金正恩

二〇一八年六月二〇日　第一刷発行

著者　早坂隆

発行者　土井尚道

発行所　株式会社 飛鳥新社
〒一〇一-〇〇〇三
東京都千代田区一ツ橋二-四-三　光文恒産ビル
電話　〇三-三二六三-七七七〇（営業）
〇三-三二六三-七七七三（編集）
http://www.asukashinsha.co.jp

イラスト　千野エー

装丁　木庭貴信＋川名亜実（オクターヴ）

印刷・製本　中央精版印刷株式会社

ISBN 978-4-86410-618-4

編集担当　沼尻裕兵　工藤博海
編集協力　品川亮